案例图解，一看就懂！由浅入深，从零学起！

炒股要懂K线图

1分钟K线、单日K线、双日K线、三日K线、周K线、月K线、年K线

从入门到精通，K线照亮交易员的道路

永良　刘挥◎著

黑龙江教育出版社

图书在版编目（CIP）数据

炒股要懂K线图 / 永良，刘挥著. -- 哈尔滨：黑龙江教育出版社，2017.1
（读美文库）
ISBN 978-7-5316-9128-0

Ⅰ.①炒… Ⅱ.①永… ②刘… Ⅲ.①股票投资－基本知识 Ⅳ.①F830.91

中国版本图书馆CIP数据核字（2017）第041218号

炒股要懂K线图

Chaogu Yaodong K Xiantu

永良　刘挥　**著**

责任编辑	徐永进
封面设计	久品轩
责任校对	张铁男
出版发行	黑龙江教育出版社 （哈尔滨市南岗区花园街158号）
印　　刷	保定市西城胶印有限公司
开　　本	880毫米×1230毫米　1/32
印　　张	7
字　　数	134千
版　　次	2017年5月第1版
印　　次	2017年5月第1次印刷

书　　号　ISBN 978-7-5316-9128-0　　**定　　价**　26.80元

黑龙江教育出版社网址：www.hljep.com.cn
如需订购图书，请与我社发行中心联系。联系电话：0451-82533097　82534665
如有印装质量问题，影响阅读，请与我公司联系调换。联系电话：0312-7182726
如发现盗版图书，请向我社举报。举报电话：0451-82533087

前　言

Preface

K线是股票技术分析不可或缺的一部分，K线理论以及由此发散出来的K线组合、K线形态、价量分析等一系列分析方法，已经成为所有股票投资者的入门必修课程。

日本三百多年前的德川幕府时代开始出现了K线的雏形。当时的米商为了能够预测米价的涨跌，每天仔细地观察市场米价的变化情况，以此来分析预测市场米价的涨跌规律，并将米价波动用图形记录下来。1990年，美国人史蒂夫·尼森以《阴线阳线》一书向西方金融界引进“日本K线图”，结果立即引起轰动，史蒂夫·尼森因此而被西方金融界誉为“K线之父”。K线得名是因为英文candle（蜡烛）前面的发“k”的音，此外，K线也常因为其来源被称为蜡烛线、蜡烛图、日本线、阴阳烛、阴阳线等。它是以每个交易日（或每个分析周期）的开盘价、最高价、最低价和收盘价绘制而成，K线的结构可分为上影线、下影线及中间实体三部分。到如今，K线图技术已经被广泛应用于全世界的证券市场、期货市场、外汇市场等领域，成为技术分析中最基本的方法之一。

我们知道，K线图反映的是一段时间以来买卖双方实际战斗的结果，投资者从中可以看到买卖双方争斗中力量的增减、风向的转变等。它简洁而直观，虽不具备严格的逻辑推理性，但是却有相当可信的统计意义，真实、完整地记录了市场价格的变化，反映了价格的变化轨迹。因此，熟悉并灵活运用K线技术对渴望从股市中获利的投资者具有至关重要的意义。

K线图技术分析法的先驱日本著名商人本间宗久，最早为日本分析技术写了一本《黄金泉》。书中有这样一句话："当每个人都看空行情时，这酝酿价格上涨的契机。每个人都看行情上升时，则构成价格下跌的原因"。从这句话中我们就可以看出，K线技术更多的是一种行为艺术和心理哲学的实践，它本质上是市场群体心理因素的集中反映，这也是为什么纯粹技术派常常会感到困惑的原因。很多时候你可以掌握K线技术的性，但把握不了它的度，如同没有完美的交易一样，K线图里也没有完美的图形。所以，在分析图形的时候，不能拘泥于图形，而要究其内在的本质，洞悉多、空双方的力量对比变化，顺势而为。

那么股民特别是新股民，如何看懂K线图，理解K线中的奥秘呢？在《炒股要懂K线图》中，我们详尽地介绍了K线基础知识、单日K线、双日K线组合、三日K线组合、1分钟K线、周K线、K线形态等各种K线技术的分析及实战应用，为了便于读者理解，书中还配有大量图例及案例分析，让读者在看懂K线图的基础上，进一步做到灵活运用K线技术进行买卖分析。书中没有晦涩的理论，只有全面、切于实用的干货，希望读者在读过本书后，能够快速掌握K线分析之道。

本间宗久曾经说过："如果你希望了解市场，应该在市场中学习——如此你才能够成为无懈可击的市场鬼才"。我们也希望每一位读者都能在股海中挑战自己、锻炼自己，悟透K线绝技，踏准节奏分分钟选到大牛股！

目 录

Contents

第一章

股票 K 线基础知识

第一节 K线图的来源

K线图形的形状也称“蜡烛线”、“阴阳线”、“酒井线”和“日式画线法”。这些图形是1750年前日本大阪米市商人为记录1天、1周、1月中米市价格涨跌行情所使用的图形表示。后来人们把这种图形方式引至股票及期货市场，从而变成目前股票技术分析中最常用、最普通的图形分析画法。

为何称之为K线？有一种说法，即日本的股票技术分析称这种图形线为罚线，而罚的日文读音为“K”，这种图形线自引入我国后，称这种特定的图形为K线图形。

研究K线图，不研究现代日本人是如何使用K线图来指导自己的买卖活动，就不能深入了解K线图的神秘之处。

在15世纪，日本经过一百多年的各家族内战，德川家族在1605年统一日本后，强迫各地的首领和地主全家迁居东京。当各家族的首领和各地的地主返回自己的领地时，家族的人必须留在东京作为人质，如果这些返回各领地的首领不回来或者造反，他们的家人就会被处死。

各首领和地主的经济来源是佃农和农夫以稻米所缴纳的租金，由于稻米无法由各地直接运送到东京，他们在大阪建立仓库来存放稻米。由于所有的家族首领和他们的家人都住在东京周围，他们过着奢华的生活。为了维持这种生活方式，他们销售存放在大阪的稻米，甚至销售未来的收成，形成稻米的期货交易。在期货交易中，仓库会发行“米票”，这些米票称为“空米票”（“空米票”是指这些稻米实际上不存在），然后，“空米票”逐渐形成市场，这便是全世界最早的期货市场之一。

稻米的期货交易很容易产生投机操作，投机操作便是日本期货交易技术分析的发展基础。在稻米的期货交易市场上，当时最著名的交易员是本间宗久，活跃于18世纪。本间发现，稻米价格由供给与需求的关系决定，但市场价格也受到交易员情绪的影响。他认为研究市场的心理情绪，将有助于预测行情。稻米的实际价值与价格是两回事，正如现在的股票、债券和外汇的价值与价格也是由各种因素来决定。

日本人常将K线走势图称为“酒井图形”，就是纪念本间所居住的港都“酒井”。本间是否发明K线图形的绘制方法，还有不同的看法和争论。我们目前所使用的K线方法，应该是集合多人智慧，经过数个世代的演进而成。即使本间不是阴阳线的创始人，但他了解市场的心理层面是交易成败的关键因素之一。在日本，最早的技术分析形式，心理层面似乎多于图形。

日本最早的期货交易理论书籍是本间宗久所著述的《黄金泉》。他说："当每个人都看空行情时，这是酝酿价格上涨的契机。每个人都看行情上升时，则构成价格下跌的原因"。这句话是现在所谓的"反向思维理论"和"相反理论"。

《黄金泉》强调，阴线与阳线会不断地轮替。因此，阴中有阳，阳中有阴。这可以说明K线的理论对反转形态的重视程度何以远超过连续形态。当某个事件或消息发生时，如果你想建立头寸，应该判断市场对该事件的反应，不应该根据消息的本身。

如果你已经深入研究行情，便不应该再与别人做无谓的讨论，除非对方有独到的见解，你的交易决策应该只根据市场来考虑。《黄金泉》中有这样一句话："如果你希望了解市场，应该在市场中学习——如此你才能够成为无懈可击的市场鬼才"。

在学习K线图形之前，了解这一段历史是很有必要的。

今天，几乎所有的股票计算机分析软件都采用K线图来记录1周、1月、1年或数年的股票历史价格走势。

我们目前所使用的K线分析方法，经过了长时间的演进和完善，集合了多人的智慧，已经成为股票分析中必不可少的分析手段和分析理论。

第二节　K线图形的画法

通常将开盘与收盘的价位用长方形表示，称为实体部分。当开盘时股票价低，收盘时股票价格升高，称阳线实体，用空心长方形表示。开盘时价格高，收盘时价格降低，称阴线实体，用实心长方形（涂黑）表示。

对于阴线实体，若当日的最高价与开盘价不同，则用黑细线将开盘价与最高价相连，称阴上影线。若最低价与收盘价不同，则用黑细线连接收盘价与最低价，此称阴下影线。对空心阳体来说，收盘价与最高价的连线称阳上影线；开盘价与最低价相连的细线称阳下影线。

K线图的画法，如下图1–1所示。

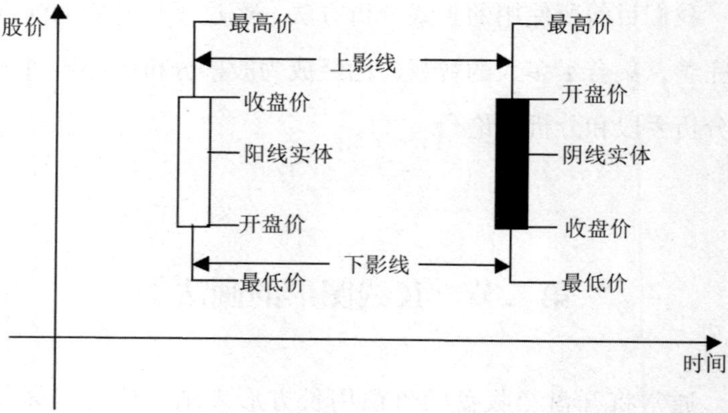

图1-1　K线图画法

K阳线的顶端为最高价，底端为最低价。

上影线与矩形实体的连接点为阳线收盘价，下影线与矩形实体的连接点为阳线开盘价。

K阴线与K阳线完全相反，上影线连接的是阴线开盘价，下影线连接的是阴线收盘价。

没有上影线的阳线，被称为光头阳线，即收盘价是当天最高价；没有下影线的阳线，被称为光脚阳线，即开盘价是当天最低价。既没有上影线也没有下影线的，被称为光头光脚阳线，即当天的开盘价是当天的最低价，当天的收盘价是当天的最高价。

同理，可知道光头阴线、光脚阴线、光头光脚阴线的含义。

K线图多种形状如下图1-2所示。

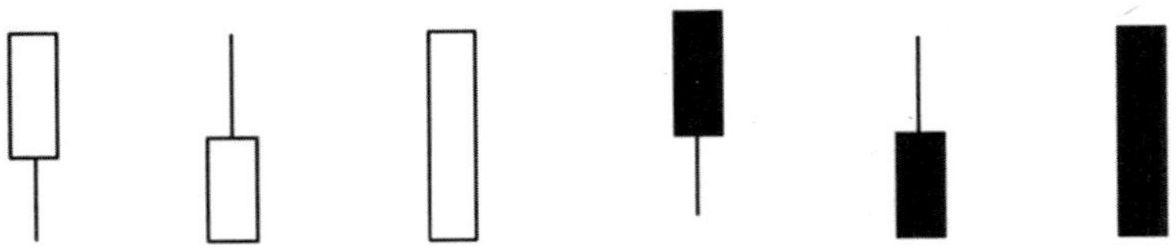

图1-2

K 线图的开盘价是每天开始交易时买卖双方的楚河汉界，互相交战的分界线。K 线图的收盘价则代表买卖双方的力量对比结果。买方力量强大，股票价格就往上涨；卖方力量强大，股票价格就往下跌。

上影线和下影线记录了买卖双方战斗的过程。

阴阳实体的长度、上下影线的长度都反映了买卖双方的力量对比情况。

第三节　K线图的时间单位

K线图是用简单的图形完整地记录每日的股市行情和股

市买卖双方的战斗情况，并把它们逐日按时间顺序把包括开盘、收盘、最高及最低价位在内的日K线图展现在价格和时间为轴的二维平面图上，使人们能清楚地看到过去几日、1周、1个月、1年和数年的股价历史走势，提供给人们一种判断股市未来走势的一种统计数据的图形表示方法。人们通过对这些图形的综合分析、比较和整理，寻找股市内在的变化规律，预测股市未来的走势。

这是一种最古老、最原始的手工图形数学统计分析方法。随着计算机技术的高速发展，大量的数据收集、统计、分析、计算和预测交给计算机完成。股票数据库的建立，很多精确的、极其复杂的计算数学分析方法已经得到应用。但是这种古老的分析方法至今仍然作为股票走势分析技术的入门加以介绍。

K线图以日为记录单位称日K线图，记录单位可以是分、小时、周、月和年，它们分别称为分K线图、小时K线图、周K线图、月K线图和年K线图。为了短线操作的需要，有些投资者用1分钟、5分钟、15分钟、30分钟、1小时等为记录单位，在命名上分别是5分K线图、15分K线图、30分K线图、1小时K线图等。

1. 分析方法的差异与时间单位关系不大

通常来讲，K线图的分析方法，与记录单位没有太大的关系。新浪网著名的股票博客版主徐小明很擅长分析1分钟K线图，他有一句名言："看不懂1分钟图形，就看不懂一天的，更看不懂一星期的"。可谓一语中的。

2. 不同时间单位的k线图，显示的意义也不尽相同

虽然面对不同时间单位的K线图，分析方法是一样的，但是时间的长短也决定了分析结果的差异。

如果你分析5分钟图形，那么结论也就对5分钟的周期有意义；如果你分析周K线图，那么结论也就对一星期内的操作有意义。

在实际操作中，有一些中长线投资者喜欢研究月K线图形和周K线图形；有一些短线投资者喜欢研究周K线图形和日K线图形，也有对1小时图形和1分钟图形感兴趣的。其中的优劣短长，难下定论。但一般来讲，看长做短是一个广为接受的原则。

所谓看长做短，是指投资者所研究的K线时间单位应该比自己的交易时间单位长一些。

如果投资者热衷于做当天买进卖出的超短线，那么除了研究适合于超短线的分钟K线图之外，主要依据应该是日K线。如果投资者热衷于做波段的话，分钟图形的参考意义就大为下降，而是应该以月K线图特别是周K线作为交易的依据。

第四节　K线分析技术总结

用K线组合来分析研究过去的股市走势，预测股票未来的走势，是一种最古老的分析方法。有经验的人把这些走势分析成买卖双方犹如一场千军万马的战场拼杀，拼得你死我活，尸横遍野。一座座城池被攻破，一块块阵地失而复得，你来我往，今天卖方胜利，明日卖方失败。在这个战场上，没有永远的失败者，也没有永远的胜利者。每一种走势，在不同的大盘走势下都有不同的解释方法。同样是一根阳线，在庄家收购期解释为拉高进货，而在派货期则解释为拉高派货，是完全相反的结论。对于没有经验的人，他们看到的只不过是矩形图形，哪有千军万马和尸横遍野的战斗？

周K线图形的正确使用，可以大大降低入市风险。目前在中国使用的人还不多，这是股市研究专家周佛郎、周云川先生在其研究中大力推荐的方法。周K线图的各种形态的可靠性要大于日K线图，特别适合中长线投资者使用。

由日本人发明和在日本股票市场使用最广泛的K线图形理论，以独特的图形方式，简单、明白、鲜明地说明当日的股价走势，说明买卖双方的力量对比，成为每一个初入股票市场的人必须了解的基本图形分析方法和基本理论知识，仍具有很高的推广应用价值。

但是这些组合图形用来分析过去的走势有一定的道理，而用来预测未来股票走势还缺乏科学的、定量的和定性的数学统计和计算手段，缺乏唯一性。

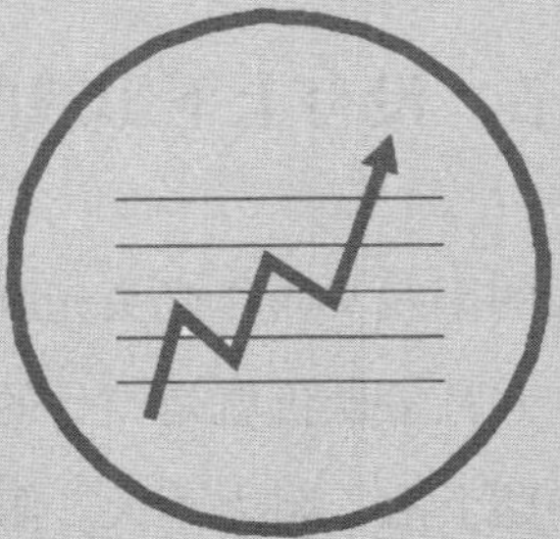

第二章

单日 K 线分析与实战

第一节　没有上下影线的阳线

没有上下影线的阳线又叫作光头光脚阳线，表明该日交易以最高价收盘，并且最低价就是当日的开盘价，这说明该股的涨势很强，一路上涨，阻力不大。阳线越长，则表明涨势越长，多方势力很强大。一般来说，光头光脚阳线分为光头光脚中大阳线和光头光脚的小阳线。

在现有停板交易制度下，我们可以将涨幅在1.5%内定义为小阳线，涨幅在1.5%—5%之间为中阳线，涨幅在5%—10%定义为大阳线。

光头光脚（没有上下影线）的中大阳线，是多方发起强大攻势，取得了全胜的结果。根据其出现的位置，我们可以做一下细分：

中大的光头光脚阳线在低位区出现。这是股价在长期受挫后企稳回升的表现，如果有成交量的配合，可以起到夯实底部的作用，此时可以大胆跟进建仓，但要注意的是如若缺少增量资金的配合，低位底部出现的中大阳线也没有太大的意义。

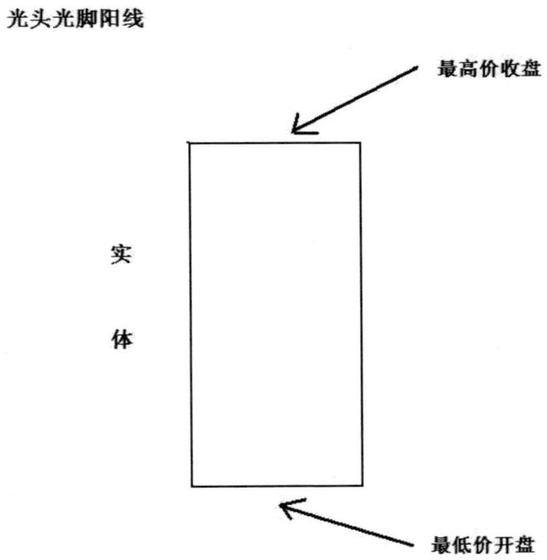

图2-1　光头光脚阳线示意图

中大的光头光脚阳线在多空双方僵持的盘整期间出现。这意味着多方发起了主动的进攻，利用中大阳线突破盘局，因此若在盘整末期或上升趋势的中途，出现中大阳线，可短线果断跟进，次日收阳的概率极大，但需要注意的是成交量也应同步的放大。

中大的光头光脚阳线在股价大幅扬升之后的高价区出

现。这种情况应谨慎对待，所谓强弩之末不到巅峰也近在咫尺，无论有无突发性利好或巨量放出，都应持币观望为佳，警惕次日大阴的反转出现。

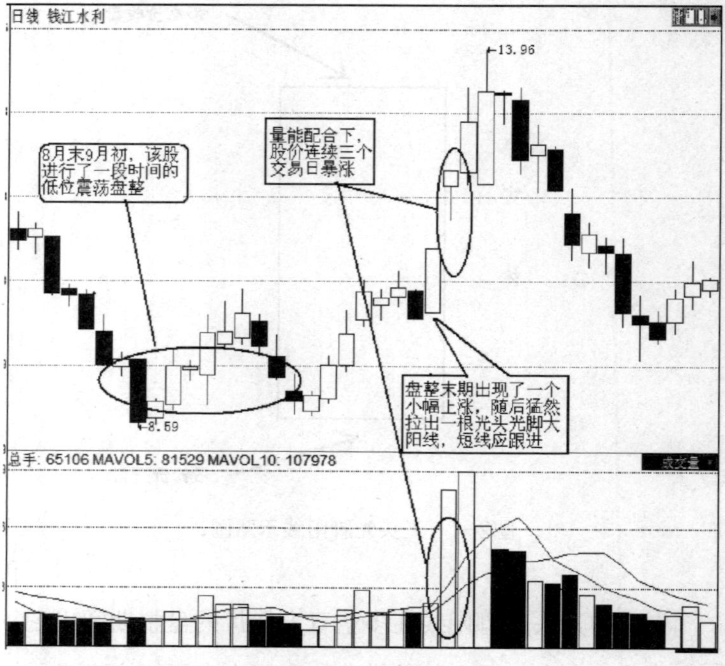

图2-2　钱江水利（600283）短线买入图解

实战案例：钱江水利（600283）（见图2-2）在2009年8月末开始了一次低位盘整，9月11日，该股拉出了一根漂亮的光头光脚长阳线，成交量温和放量，而当日涨幅高达

9.97%，可见多方实力强劲，后市应该有一波短线行情。果然，短短三个交易日，股价就由11日的11.14元暴涨到了13.96元，短线获利丰厚。

第二节　没有上下影线的阴线

没有上下影线的阴线又称光头光脚阴线，表明该日交易以最低价收盘，并且最高价就是当日的开盘价，这说明该股的跌势很强，一路下跌支撑力不大。阴线越长，则表明跌势很强，空方势力很强大。

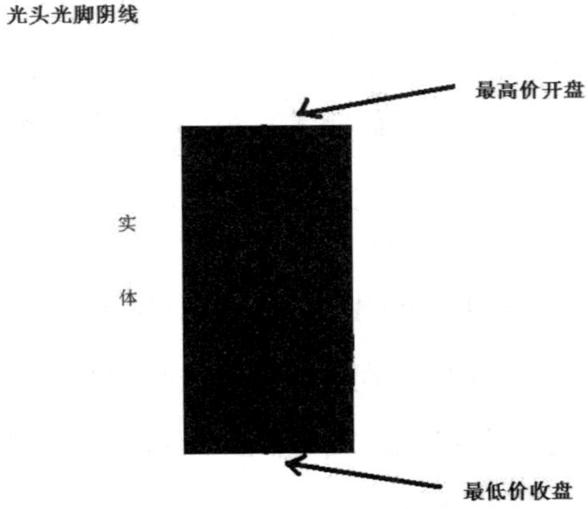

图2-3　光头光脚阴线示意图

在现有涨跌停板交易制度下，我们可以将跌幅在1.5%内定义为小阴线，跌幅在1.5%—5%之间为中阴线，跌幅在5%—10%定义为大阴线。

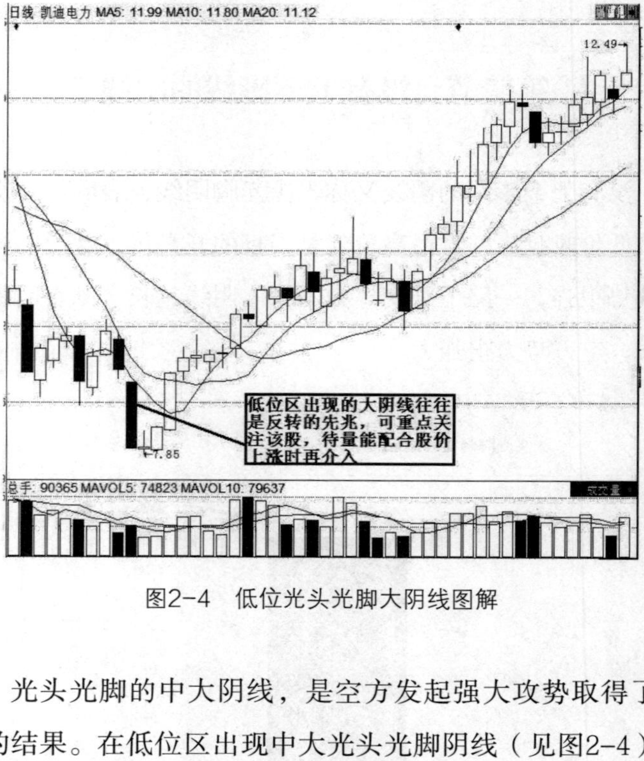

图2-4　低位光头光脚大阴线图解

光头光脚的中大阴线，是空方发起强大攻势取得了全胜的结果。在低位区出现中大光头光脚阴线（见图2-4），往往是衰竭恐慌性抛盘造成的，虽然短线可能再度下跌，但随后一般跌幅不会太大，此时应该等待并关注转机的出现，先不要抄底抢反弹，最佳稳健的介入时机是等到成交量萎缩到地量之后，成交量出现放大股价企稳时再果断介入；如果在盘整末期或下跌趋势中途出现，说明股价向下突破再续跌势，此时应该顺势卖出；如果是在连续上涨之后的高价区出现光头光脚中大阴线，特别是有量的配合，这更是明显出货的行为，应该果断清仓。

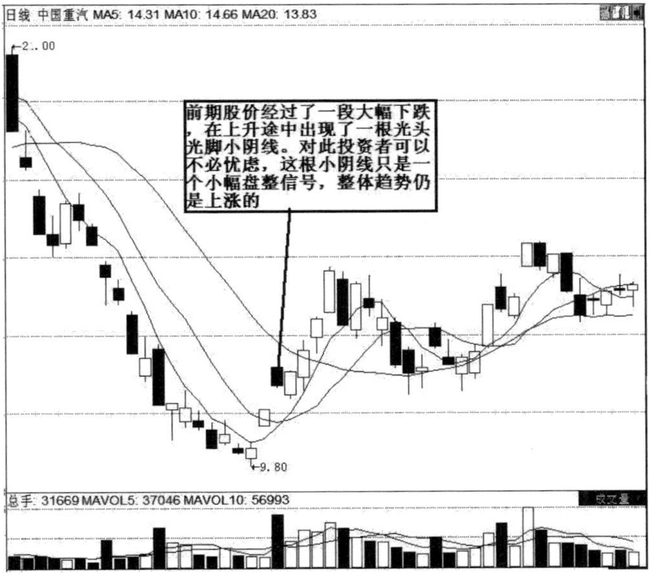

图2-5　上升途中光头光脚小阴线图解

对于光头光脚的小阴线而言，如果出现在跌势末期的低价区，并且它的最低价高于昨日最低价即为孕线，表示卖盘接近枯竭，股价走势可能发生逆转；如果出现在上升趋势中途（见

图2-5），特别是在一根大阳线之后，表示暂时性的休整，股价继续上升的可能性仍较大；如果出现在小升小跌不断的盘局中，说明盘整仍将继续；若出现在长期持续上涨之后的高价区，如阴跌不止，则需提防主力在慢慢地出货，一般常规洗盘不应跌破最高价的10%，控盘庄股一般不跌破最高价的5%。

第三节　带下影线的阳线

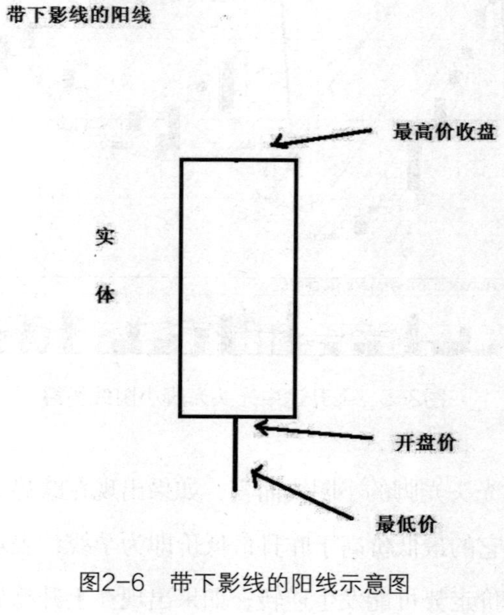

图2-6　带下影线的阳线示意图

只带下影线而不带上影线的阳线又叫作光头阳线，该阳线表明该日开盘后交易价曾跌破开盘价，但随即上涨，并且以最高价收盘，这说明该股在上涨过程中曾遇抵抗，但有强有力的支撑，表明涨势很强，后市看涨。

光头大阳线（先跌后涨型）全日节节上升，有强烈的涨势。如果在跌市中出现，可能是跌市结束的信号。

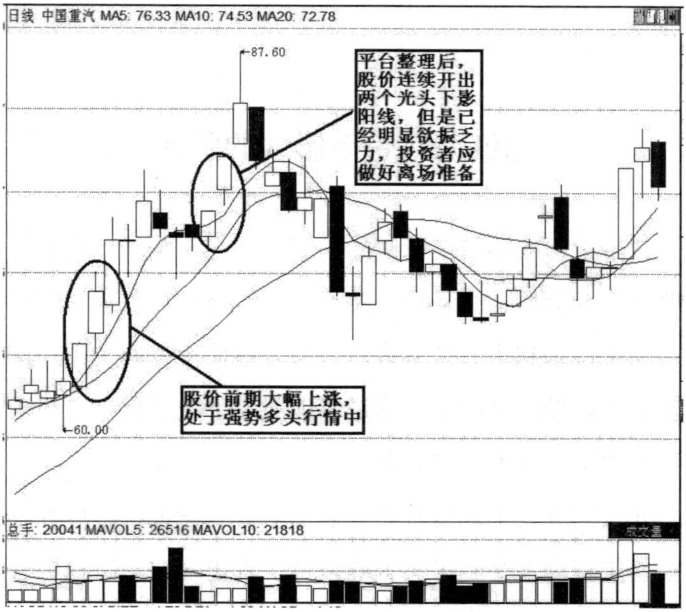

图2-7　带下影的光头小阳线图解

开盘光头阳线（上升抵抗型）（见图2-7）上升力强，

但受阻挡，应谨慎。若是在持续上涨之后，可能是下跌的先兆；若是在下跌中的反弹行情，则多头实力不足，仍将下跌。

光头小阳线（欲涨乏力型）行情扑朔迷离，涨跌难有明确估计。如果出现在强烈持续上升之后，表示高位震荡，持续力不足，可能是下跌的征兆。如果在长期下跌之后出现，表示欲振乏力，可能继续下跌。

第四节　带下影线的阴线

只带下影线不带上影线的阴线又叫光头阴线，光头阴线表明该日开盘后，交易价一路下跌，但是在买方势力的抵抗下，在价位跌到当天最低价时，买方迫使价位回升了一定的幅度，并以较高价收盘，这说明该股在下跌过程中，出现了支撑的力量，虽不足以立即止跌，但已不可轻视。

光头阴线是下跌抵抗型，表示空方力量强大，但在下跌途中一定程度上受到了买方的抵抗，常出现在下跌途中、市场顶部或振荡行情中。

实体部分比影线长，表明卖压比较大。开盘后股价大幅度向下，在低位遇到买方抵抗，买方与卖方发生激战，影线部分较短，说明买方把价位上推不多。从总体上看，卖方占了比较大的优势。

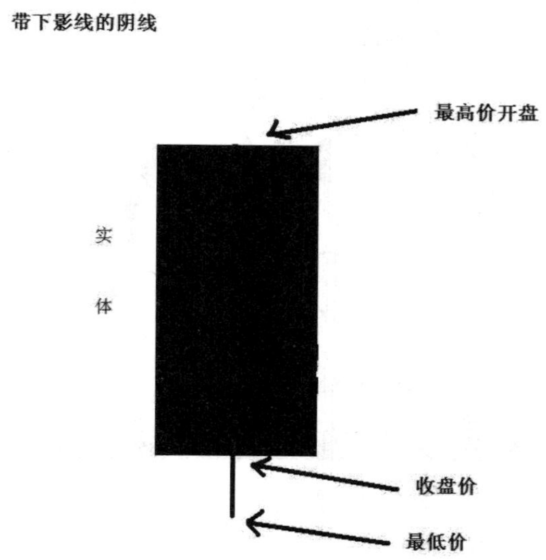

图2-8 带下影线的阴线示意图

实体部分与影线同长，表示卖方把价位下压后，买方的抵抗也在增加，但可以看出，卖方仍占有一定优势。

实体部分比影线短，表示卖方把价位一路压低，在低价位上遇到买方顽强抵抗并组织反击，逐渐把价位上推，最后虽以阴线收盘，但可以看出卖方只占极少的优势。后市很可能买方会全力反攻，把小阴实体全部吃掉。

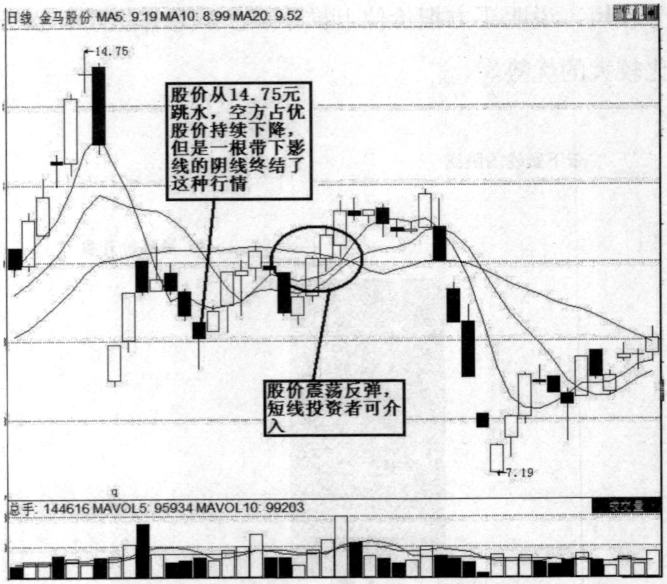

图2-9　带下影线的阴线图解

光头大阴线整日下跌，后市疲弱，行情极坏，还要下跌，在空头市场经常出现。如连续出现数根大阴线，可能有反弹行情。

收盘光头阴线（先涨后跌型）行情先涨后跌，卖方势强，行情看跌。

小阴线（短下影）行情混乱，涨跌难以估计。如果出现在持续上升之后，表示高位震荡，可能是下跌的先兆。

开盘光头阴跌（下跌抵抗型）（见图2-9）行情下跌后

受到承接，显示有反弹迹象。

小阴线（长下影）加速下跌的征兆。

总之，一般光头阴线出现时市场疲弱，交易量小，投资者应持观望态度。

第五节　带上影线的阳线

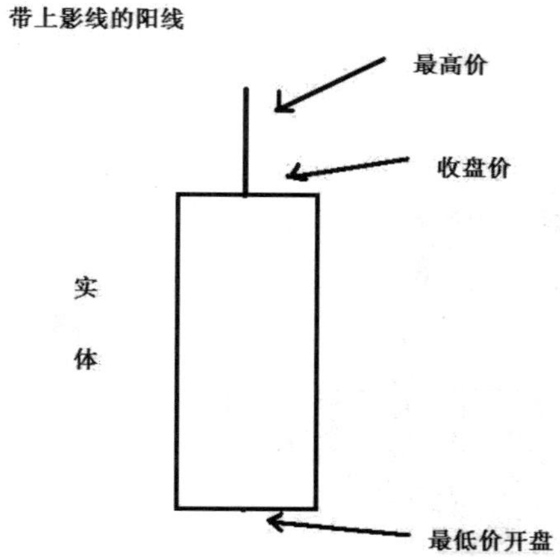

图2-10　带上影线的阳线示意图

带上影线而不带下影线的阳线又叫光脚阳线，表明该日开盘后，交易价一路上涨，但是在最高价又跌了下来，没能以最高价收盘，这说明该种股票在上涨过程中曾遇较强阻力，被迫未能以最高价收盘，多方优势已受到有力的挑战，上影线越长，表明阻力越强。

光脚阳线是一种带上影线的红实体K线。开盘价为全日最低价，开盘后买方占据明显优势，股价不断盘升，表示上升势头很强，但在有了一定涨幅后多空双方出现了分歧，致使股价下跌，但最终仍以阳线报收。

图2-11　上影线小于实体的阳线图解

如果在低位出现光脚阳线（见图2-11），且实体部分比上影线长，表明买方开始聚积上攻的能量，进行了第一次试盘。

如果在高位出现光脚阳线，且实体部分比上影线短，表明买方上攻的能量开始衰竭，卖方的能量不断增强，行情有可能在此发生逆转。

第六节　带上影线的阴线

带上影线而不带下影线的阴线又叫光脚阴线，表明该日开盘后，交易价曾涨过开盘价，但是在卖方势力的打压下价位被压在开盘价以下，并以最低价收盘，这说明该种股票在下跌过程中，多方虽作了拉动上涨的努力，但阻力较强，空方力量很强大，后市看跌。

光脚阴线属于先涨后跌型K线，虽然在开盘后多方出现了上攻出现了上影，但上方抛压较重，空方的力量强大一直打压到最低价报收。

实战中一般可以将带上影的光脚阴线，分为实体长于上影的光脚阴线，实体等长上影光脚阴线和实体短于长上影的光脚阴线三种。

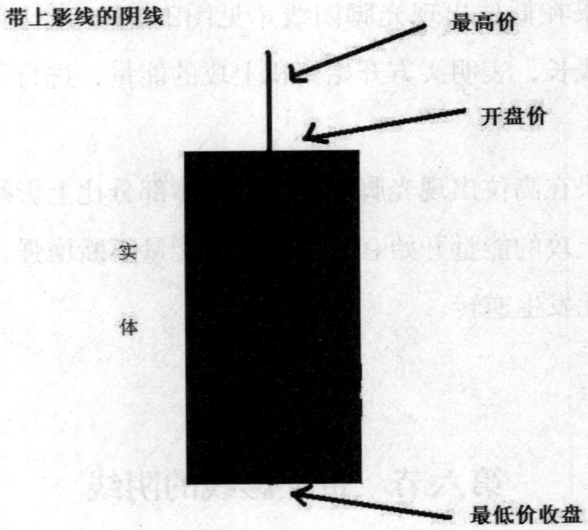

图2-12　带上影线的阴线示意图

1.实体长于上影的光脚阴线，说明多方虽有推高意图，但空方的打压更坚决，力量更强大；

2.实体等长上影光脚阴线，说明多空经过交战，空方占据着主动地位；

3.实体短于长上影的光脚阴线，说明空方虽然略占优势，但多方也蕴藏着反扑的力量，当然这还要看K线所处的高低位置而定。

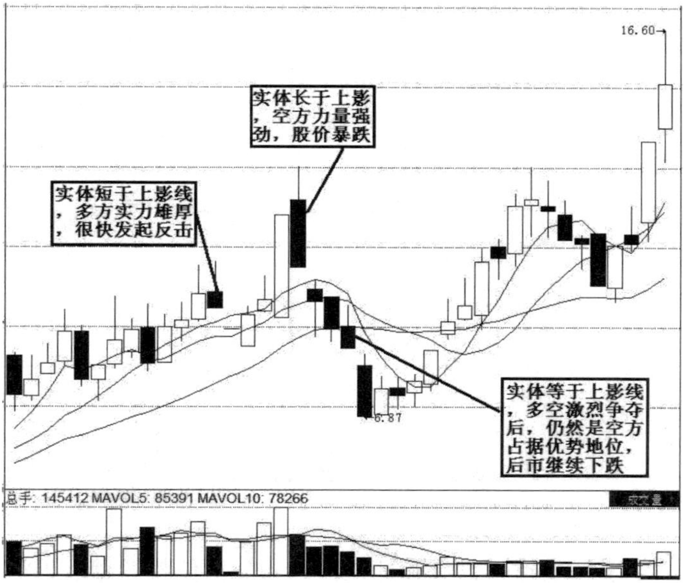

图2-13　带上影线的阴线图解

第七节　十字星 K 线

十字星K线表示开盘价与收盘价相同，而上下影线基本相同，这说明多方力量构成的支撑力与空方力量的压力差不多。这种形态可能出现在上涨或下跌过程中，可能说明趋势的延伸，也可能是反转的信号。

图2-14　十字星K线示意图

十字星是指收盘价和开盘价在同一价位或者相近，没有实体或实体极其微小的特别的K线形式，其虽有阴阳之分，但实战的含义差别不太大，远不如十字星本身所处的位置更为重要。

出现在持续下跌末期的低价区，称为“希望之星”，这是见底回升的信号；出现在持续上涨之后的高价区，称为“黄昏之星”，这是见顶转势的信号（见图2-15）。十字星往往预示着市场到了一个转折点，投资者需密切关注，及时调整操盘的策略，做好应变的预备。

如果出现十字星的第二天，股价能够收阳，并且收盘价格高于收出十字星时的收盘价格，那么第二天收出的这根阳线，就是一个验证信号，或者说是确认信号，这个时候投资者可以进场操作了。相反，如果这种十字星形态出现在市场走势的顶部时，操作策略上就应该谨慎了。

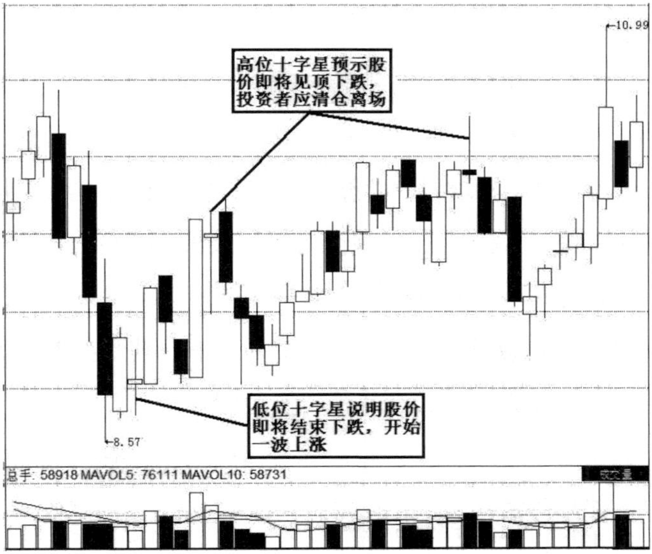

图2-15　十字星K线示意图

在行情中一般我们会遇到：大十字星；小十字星；长下影十字星；长上影十字星；T型光头十字星；倒T型光脚十字星和一字线等等。

大十字星出现在大幅持续上升或下跌之末的概率较大，盘整区间出现的概率不多见，往往意味着行情的转势。

小十字星是指十字星的线体振幅极其短小的十字星，这种十字星常常出现在盘整行情中，表示盘整格局依旧；出现在上涨或下跌的初期中途，表示暂时的休整，原有的升跌趋势未改；出现在大幅持续上升或下跌之末，往往意味着趋势的逆转。

长下影十字星如果出现在上升趋势中途，一般均表示暂时休整上升趋势未改；如果是出现在持续下跌之后的低价区，则暗示卖盘减弱买盘增强，股价转向上升的可能性在增大，但次日再次下探不能创新低，否则后市将有较大的跌幅。

T型光头十字星的市场意义与长下影十字星差不多，常常出现在高位盘整中，表示次日盘整依旧；若是出现在大幅持续上升或下跌之末，是升跌转换的信号。

长上影十字星如果出现在下降趋势中途，一般均表示暂时休整下降趋势未改；如果是出现在持续上涨之后的高价区，股价出现反转的可能性较大；但若出现在上涨趋势中途，次日股价又创新高的话，说明买盘依旧强劲股价将继续上升。

倒T型光脚十字星的市场意义与长上影十字星差不多，若是出现在持续上涨之后的高价区，这是见顶回落的信号；若是出现在其他的位置，一般均表示暂时休整原有趋势未改。

一字线是指开盘价和收盘价相同，这种形态在60分钟的K线中出现的多一点，不代表什么意义；最多的就是出现在比较小的周期K线中，比如1分钟，就是行情在这一分钟内没有波动，其他也不代表什么意义!

第八节　带上下影线的阳线

带上下影线的阳线，表明该日开盘后，买方力量曾使交易价涨过开盘价，但是卖方势力也曾将价位打压到开盘价以下，双方交锋之后，多方略胜一筹，但受空方影响并没能以最高价收盘。这种情况下如果在上涨了一段时间后出现，表明空方力量有所增强，涨势快到头了；如果在跌了一段时间后出现，表明多方力量在逐步凝聚，跌势很可能被止住。

在实战中，我们可以将带上下影线的阳线，分为实体长于上下影的阳线，实体短于上影长于下影阳线和实体短于下影长于上影的阳线三种。实体同时短于上下影线的阳线，由于实体过于短小近似于十字星，所以它归于十字星类。

实体长于上下影的阳线，说明多空双方进行了全面的接触，所以带有上下的影线，阳线的实体较大说明多方占据优势，若是出现在上升趋势中，次日后市稳步上攻继续收阳的可能性较大；但若是出现在大幅扬升之后的高价区，伴随着巨量，次日开盘后若不能在最高价上影之上站稳，说明走势有出现逆转的征兆。

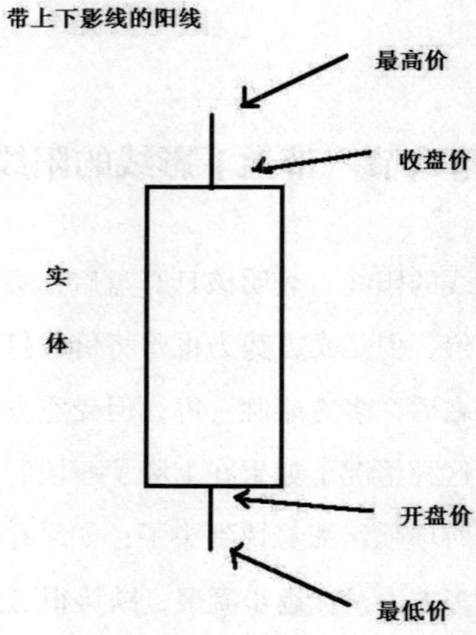

图2-16　带上下影线的阳线示意图

实体短于上影长于下影阳线，说明多方心有余而力不足，逢高的获利抛压盘较重，多方虽然略占上风，但卖方的力量正在增加，除非次日可以攻克上影的最高价，否则收阴线的概率较大；如果出现在大幅扬升之后的高价区，往往意味着趋势逆转；若是出现在经过持续下跌之后的低价区，常常表示多方在试探空方的卖压，后市若能得到成交量的配合，股价将有逆转上升的可能。

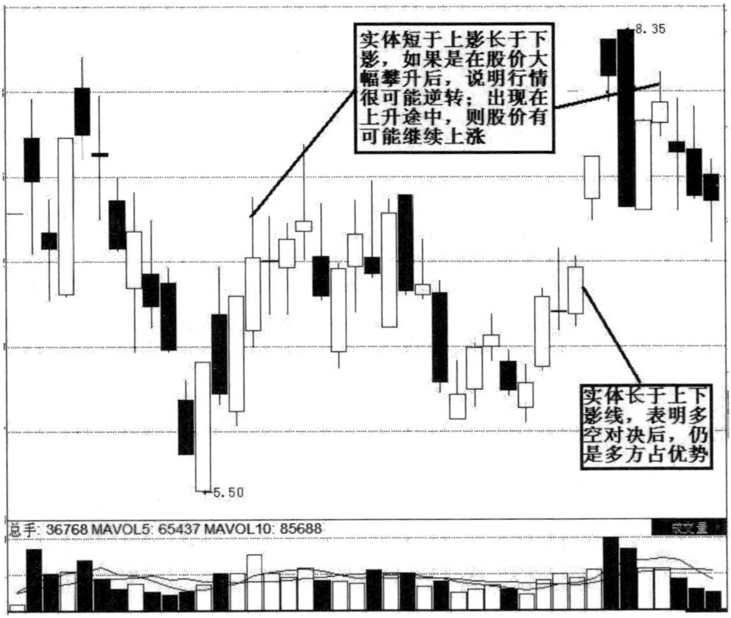

图2–17　带上下影线的阳线图解

实体短于下影长于上影阳线，说明买卖双方交战激烈互不相让，股价探低之后稳步上涨，多方略占优势，后市行情继续看涨，但次日仍有接受卖方考验的可能，以不跌破“中心值”，即重新开始续涨的走势较佳；若是收盘在“中心值”附近偏下，说明短期进行小幅整理的可能性较大。

第九节　带上下影线的阴线

带上下影线的阴线，表明该日开盘后，买方力量曾使交易价涨过开盘价，但是卖方势力也曾将价位压制在开盘价以下，双方交锋之后，空方略胜一筹，但受多方影响并没能以最低价收盘。这种情形如果是在跌了一段时间后出现，表明多方力量在逐步凝聚，有力地牵制了跌势，后市可能出现反转；如果在上涨了一段时间后出现，表明空方力量已经较强，涨势快到头了。

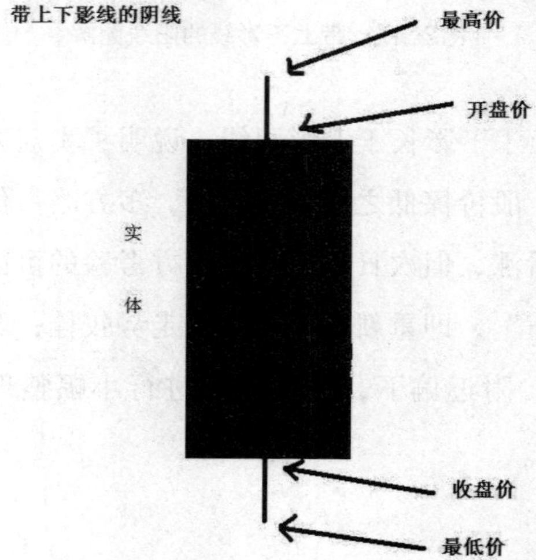

图2-18　带上下影线的阴线示意图

带有上下影线的阴线，根据实战经验可以将带上下影线的阴线，分为实体长于上下影的阴线，实体短于上影长于下影阴线和实体短于下影长于上影的阴线三种。

实体短于上影长于下影阴线，此阴线往往说明多方虽有心上攻，但遭到空方的强大抛压，多方下档的抵抗十分微弱。此阴线经常出现在持续上升的高价区转向下跌的转势位置上，标志着一波下跌趋势的开始；但若是出现在股价持续下跌之后的低价区，特别是这根阴线的线体较小，次日多方带量再次上攻的话，也要注意股价趋势的逆转可能。

实体短于下影长于上影阴线，此阴线说明多空双方分歧较大交战激烈，空方的打压有所遇阻，只是略占优势，多方也有蓄势的可能。此阴线常常出现在下降趋势的中途，次日继续收阴的可能性较大；如果是出现在持续下跌的低价区或是上涨趋势的中途，次日下跌又未创出新低收阴线，那么后市上涨的概率较大。

实体长于上下影的阴线，这是比较常见的阴线形式，常常出现在下跌的中途，此阴线说明多空双方进行了全面的接触，所以带有上下的影线，阴线的实体较大说明空方占据明显优势，股价次日继续下跌的可能性较大。但若是出现在股价持续下跌之后的低价区，次日没有创出新低，第三日又带量上攻的话，则要注意股价趋势的逆转。

实战案例：皖通高速（600012）（见图2-19）：2016年7月，股价在前期以15.80元见顶，随后在高位盘整。7月27日，该股拉出一根下影超长的上下影阴线，这就是股民们常说的“阎王线”，形态成立后股价继续下跌，9月中该股已跌至12元。

图2-19　皖通高速图解

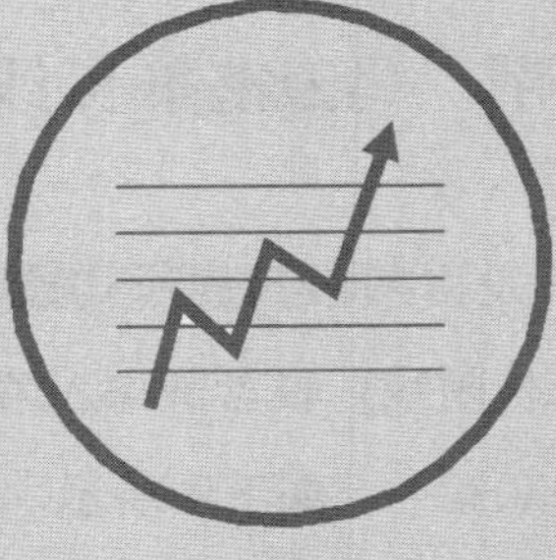

第三章

双日 K 线分析与实战

第一节 乌云密布K线组合

“乌云密布”是由两根K线所构成，第一根是强劲的长阳线，第二根是长阴线，收盘价深入第一根阳线的实体内（超过实体长度的50%），如下图所示。

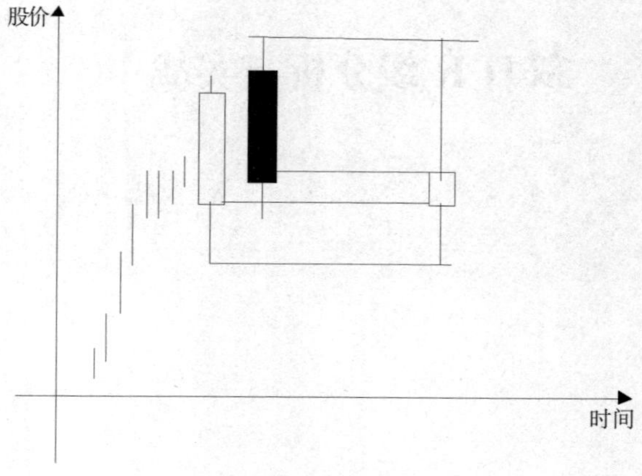

图3-1 “乌云密布”

“乌云密布”代表上升动能被第二根阴线所冲散，上涨的走势蒙上一层乌云，它发生在股价的高位，是行情反转的预警信号。

一个理想的“乌云密布”，第二根阴线的开盘价（向上跳空高开）应该高于第一根阳线的最高价，第二根阴线的收盘价应深入第一根阳线的实体一半以上。如果深入程度未超过一半，属于不完整的形态，应该再观察第三天的收盘价作为确认信号。一般来说，第二根阴线收盘价进入第一根阳线实体的程度越深，形态越具有空头意义。

从组合线形来分析，这是带长上影线和下影线空头气氛很浓的纺锤线形，行情很可能反转，上影线越长空头气氛越浓。

非理想的“乌云密布”，一定要有第三根线的收盘价确认。

第二节 雨过天晴 K 线组合

“雨过天晴”与“乌云密布”恰好相反，是在下降趋势中由一根顺势长阴线与另一根长阳线所构成，长阳线的收盘价深入长阴线的实体内。“雨过天晴”可显示低位的强劲买盘。由于“乌云密布”的出现，股价下降，犹如倾盆大雨，而倾盆大雨后又将是“雨过天晴”。

一个理想的“雨过天晴”应该是：第二根阳线的开盘价（向下跳空低开）应该低于第一根阴线的最低价，第二根阳线的收盘价要能够深入第一根阴线实体的一半以上。第二根阳线深入第一根阴线的程度越深，所代表的底部反转意义越明确。如果深入的程度不够深，则代表多头的反攻还不够强劲。

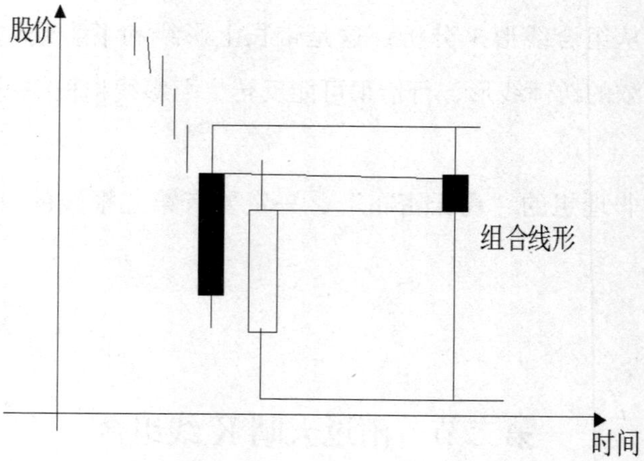

图3-2 “雨过天晴”组合线形示意图

一个非理想的“雨过天晴”需要第三根线的收盘价来证实。

如下图所示，“雨过天晴”的组合线形可看出：下影线特别长，实体很短。说明多头气氛很强，下降动力已经耗尽。

下图是深圳飞亚达（000026）1999年12月至2000年4月的日K线和成交量走势图，这是“乌云密布”和“雨过天晴”的一个典型的实战案例。

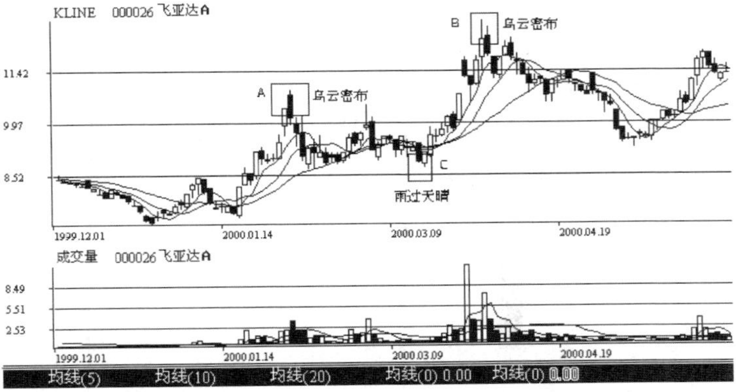

图3-3 “乌云密布”和“雨过天晴”的典型实战案例

C处是两根阴阳线组成的“雨过天晴”组合形态。“雨过天晴”后，趋势反转，股价上涨。

A处和B处是两组“乌云密布”的形态。在“乌云密布”形态后，股价趋势由上涨变为下跌。

第三节 多头吞吃K线组合

多头吞吃形态是由阴阳两根线形构成，第二根阳线的实体吃掉第一根阴线的实体，如下图所示。

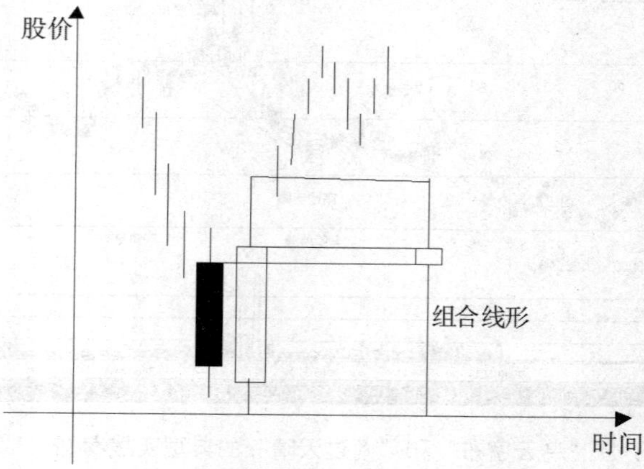

图3-4 多头吞吃形态

多头吞吃形态发生在股价下跌中，一根长阳线完全吃掉了一根长阴线。

如果多头吞吃发生在下降走势中，那么其组合线形态所表现的多头强度要大于“雨过天晴”的形态。因为其组合线形的下影线长度一般要比“雨过天晴”的组合线形的下影线长，组合线形的实体是阳线。

第四节　空头吞吃 K 线组合

空头吞吃形态发生在上升走势中，第二根阴线的实体吃掉第一根阳线的实体。在下页图中，空头吞吃形态的组合线形是一根带上影线的长阴实体，它的空头气氛浓于“乌云密布”形态。

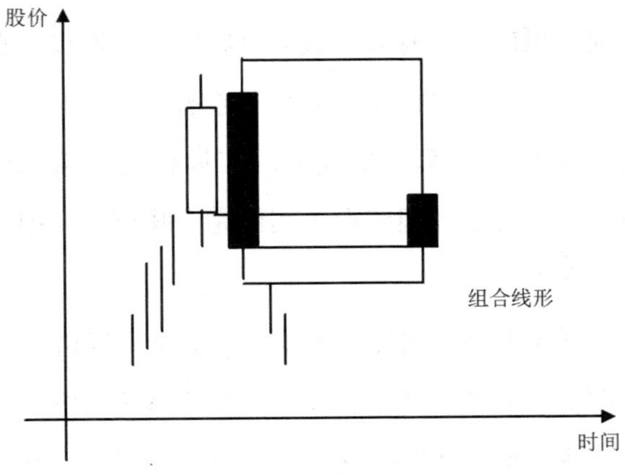

图3-5　空头吞吃形态

吞吃形态显示空头力量稍大，表明空头由多头的手中夺回了主控权。

在空头吞吃中，空头以压倒性的优势制服多头。在前面讨论的“乌云密布”排列中，空头的气势可以由第二根阴线深入第一根阳线实体的程度来反映。但在空头吞吃中，空头所驱动的第二根阴线完全吃掉第一根阳线的实体，显示出空头的气势很浓。

相同的概念也适用于“雨过天晴”和多头吞吃之间。在“雨过天晴”形态中，多头所驱动的反攻只深入前一根阴线实体的一半左右。

我们还可以根据形态所发生的位置来判断形态的效力。如一个发生在支撑区的“雨过天晴”与一个没有在支撑区的多头吞吃，前者可能是更有效的底部反转信号。所以，在判断形态的效力时，应该由整体技术面来考虑。

理想的吞吃形态是第一根线形的实体很短，第二根线形的实体很长，而且第二根线形的实体完全吃掉第一根线形（包括其影线在内）。

非理想的吞吃形态应由第三根线的收盘价来确认。

下图是深圳中集集团（000039）1997年3月至1998年11月的周K线和成交量走势图，这是空头吞吃和多头吞吃的典型案例。

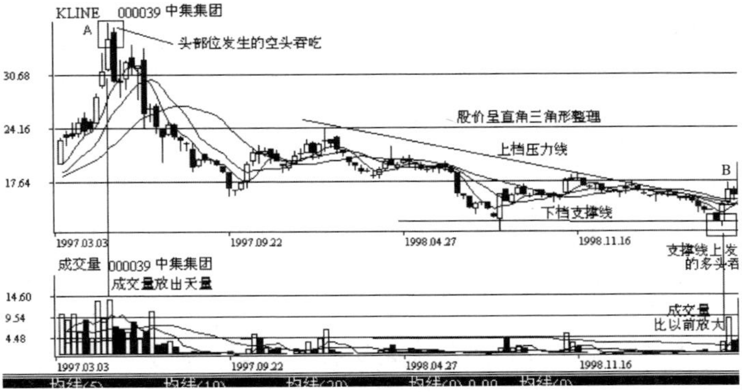

图3-6　空头吞吃和多头吞吃的案例

A 处是两根周阳阴线走出了理想的空头吞吃的组合形态。该组合形态发生在高价区，成交量放出天量，空头吞吃后，头部形成，趋势反转，股价下降。

B 处是两根周阴阳线在股价底部走出了理想的多头吞吃的组合形态。该组合形态发生在直角三角形整理的下档支撑线上，成交量比前期放大，多头吞吃后，趋势反转，股价上升。

第五节　蛇吞象 K 线组合

“蛇吞象”是由两根长短线形所构成。第一根线形的实体很长，第二根线形的实体很短，而且小实体完全处在长实体之内。换言之，这两根线形的先后顺序与吞吃相反，吞吃是长实体吃掉前一个小实体，而蛇吞象是小实体吞吃一个长实体。

因长实体代表原来的趋势，小实体的出现改变了原来的趋势。在现实生活中用蛇吞象来形容小的吃掉大的，小个打败大个，就像一条蛇把一头大象吞到肚里一样。

第一根线应是长阳线或者长阴线，第二根线的小实体可以是阳线、阴线或十字线。

在下跌趋势中，蛇吞象代表下跌的力量已经耗尽了；在上升趋势中，蛇吞象代表涨势难以继续下去。

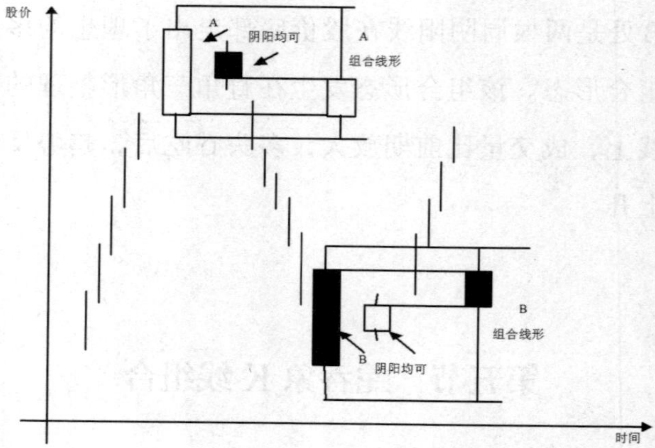

图3-7 蛇吞象形态示意图

如上图所示，B 处是下降趋势的蛇吞象形态。线形的颜色不是蛇吞象排列的必要条件，在下降趋势中，象阳蛇阴、象阴蛇阴、象阴蛇阳和象阳蛇阳的排列均可。其中象阳蛇阳的多头气势强过其他排列，这是因为长阳线本身更有多头意义。所以象是由长阳线所构成，表明跌势已经告一段落，上升趋势即将开始。

同样的道理也适用于上升趋势中的蛇吞象。如上页图中 A 处所示，在上升趋势中，象阳蛇阴、象阴蛇阴、象阴蛇阳和象阳蛇阳均可，其中象阴蛇阴的空头意义将强过长阳线所形成的蛇吞象。这是因为长阴线本身是空头线形，它可能代表升势已经告一段落，下降趋势即将开始。

第六节　缺口 K 线组合

在两根 K 线组合中，如果第二根 K 线与第一根 K 线的交易价格是不连续的，就构成了一个 K 线缺口，换言之，缺口是价格 K 线走势图中没有交易的价格区间形成。缺口是一种非常重要的 K 线形态。

缺口有向上跳空缺口和向下跳空缺口两种。如果第二根 K 线的最低价高于第一根 K 线的最高价，就形成向上跳空缺口；如果第二根K线的最高价低于第一根K线的最低价，就形成向下跳空缺口。

当以缺口作为支撑或压力时，必须了解一种常见现象，即价格可能暂时跌破上升缺口的底部或暂时穿越下降缺口的顶部，然后再恢复先前的走势。这个过程被称为“弥补缺口”。请参考下页图。

在日K线走势中，如果收盘价格弥补缺口，则先前的趋势应该结束。例如，在13~14元之间存在一个向上跳空缺口，而随后的价格收在缺口的底部14元以下，先前的上升趋势应该被视为结束；反之，如果在21~23元之间存在一个下降缺口，而多头随后将收盘价格拉至23元以上，先前的下降趋势应该视为结束。但如果盘中价格封闭窗口，则不可视为趋势结束的信号，应等待收盘价的确认。

同样，在周K线图中，应该根据周五的收盘价来确认缺口是否被弥补。如果以收盘价来确认，可能涉及一定的风险。因为当确认缺口被弥补时，市场走势可能已经发生好几天了。

缺口在实际走势中经常出现，但缺口的性质是不相同的。缺口可分为功能性缺口和普通缺口。

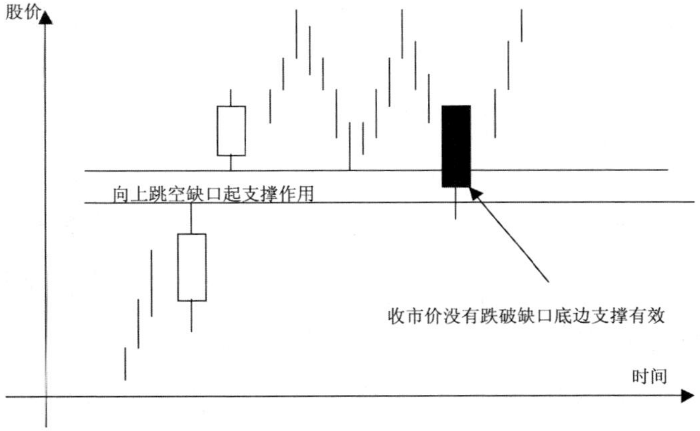

图3-8　向上跳空缺口支撑示意图

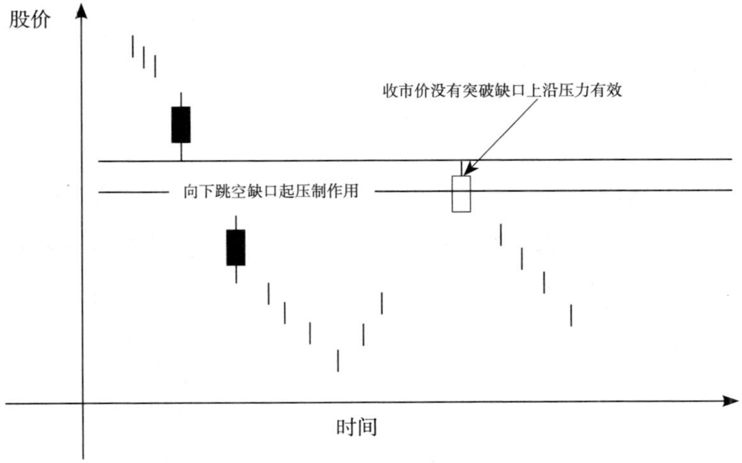

图3-9　向下跳空缺口压力线示意图

第七节　功能性缺口

功能性缺口的实战意义固然重要。但是，在走势中功能性缺口并不常见，只有在关键的时机才会出现。功能性缺口可分为突破性缺口、中途缺口和竭尽缺口三种。

突破性缺口通常是在底部向上突破和头部向下突破时出现。这类缺口的出现，如有成交量的配合，将预示着股指和股价将走出大的反转行情。向上突破性缺口应有长时间的大幅下跌和调整，并有扎实的底部作前提，突破时还要有大成交量的支持。在政策面上，常会伴随巨大的利好政策出台。这种缺口有可能连续几年长时间不能弥补。

中途缺口出现在一轮上涨行情或一轮下跌行情的中途。它的出现预示着股指或股价将继续上涨或下跌的行情。由于该缺口是在中途出现，只要根据缺口的位置就可以预测未来股价可能上涨或下跌的距离。所以中途缺口又被称为“度量缺口”。

竭尽缺口（又称消耗性缺口）出现在上涨和下跌行情的末端，预示着多头或空头行情已进入后期，是股价在上涨过程中的最后冲刺，能量消耗极大，已无后继力。出现竭尽缺口后，股价在短期内将发生反转行情。

当股价向下经过较长时间的下跌，这时空方能量消耗极大，此时如出现消息面利空，将产生恐慌性抛盘，空方一致做空，产生向下跳空缺口，随后该卖的都卖了，再也没有卖盘现出，这就是向下竭尽缺口。向下竭尽缺口的出现将预示着股市在短期内结束下跌行情。

第八节　普通缺口

普通缺口的重要性次于功能性缺口。但在实际走势中，普通缺口出现的频率却大大超过功能性缺口。因此，我们见到的多数都是普通缺口。

在技术分析领域中有缺口必补的说法。在实际走势中，普通性缺口一定会被回补，而且所用的时间并不长。但功能性缺口，尤其是底部或头部产生的缺口将在很长的时间内不能回补。

某些日本交易员认为，如果缺口在三个交易时段内没有关闭，可以确认为市场将朝缺口的方向发展。以下降缺口来说，如果在三个交易时段内没有关闭缺口，价格应该继续下跌。另一日文著作还提出更强硬的结论，认为如果缺口在三个交易日内没有关闭，在随后的十个交易日内，市场将朝缺口方向发展。

普通缺口有如下特点。

（1）在股价回调时，一个向上的跳空缺口的位置通常是明显的支撑；在股价反弹时，一个向下的跳空缺口位置通常是明显的阻力。

（2）缺口处如伴随着较大的成交量，在此间形成的支撑和阻力也就越强。

（3）向上缺口如没有成交量的支撑，此缺口极容易被回补。向下缺口如没有成交量支持，该缺口并不一定很快被回补。

（4）缺口被回补后，股价通常仍向原方向继续运行。

下页图（3-10）是深圳深万科A（000002）1999年6~10月的日K线和成交量走势图，这是向下、向上跳空缺口的实战案例。

A处是一根向下跳空的放量阳线，形成一个下降缺口。缺口幅度是8.8%。三日内缺口没有弥补，属于有效普通下降缺口。该缺口形成一条缺口压力线。图中几次反弹形成的头部都没有超过该压力线，说明该缺口的有效性。其实际指导意义是投资者可在反弹到这根压力线附近了结手中股票。

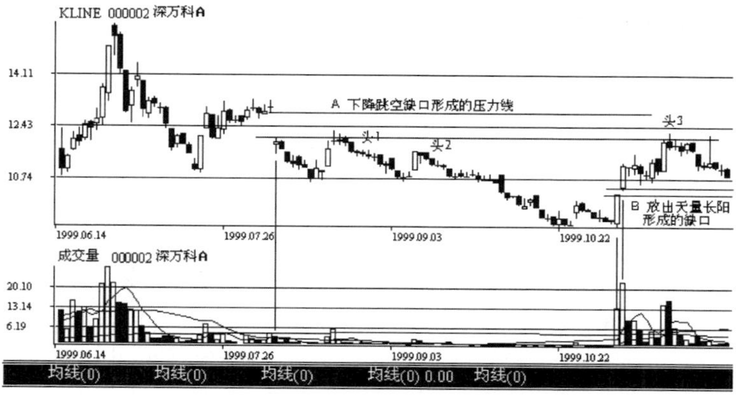

图3-10　向下、向上跳空缺口实战案例

B处是一根放出天量向上跳空的长阳线。这个缺口多日内没有被弥补，属于有效普通上升缺口。该缺口形成一条有效股价支撑线。

第九节　三个缺口

缺口理论认为，缺口的发生遵循“一鼓作气，再而衰，三而竭”的规律。即第一个缺口的力量最大，第三个缺口的力量则已经衰竭。涨势中，如果出现三个向上跳空缺口，则上升的动能已经释放耗尽，走势会反转向下；跌势中，如果出现三个向下跳空缺口，则下降动能也已经释放耗尽，走势会反转向上。

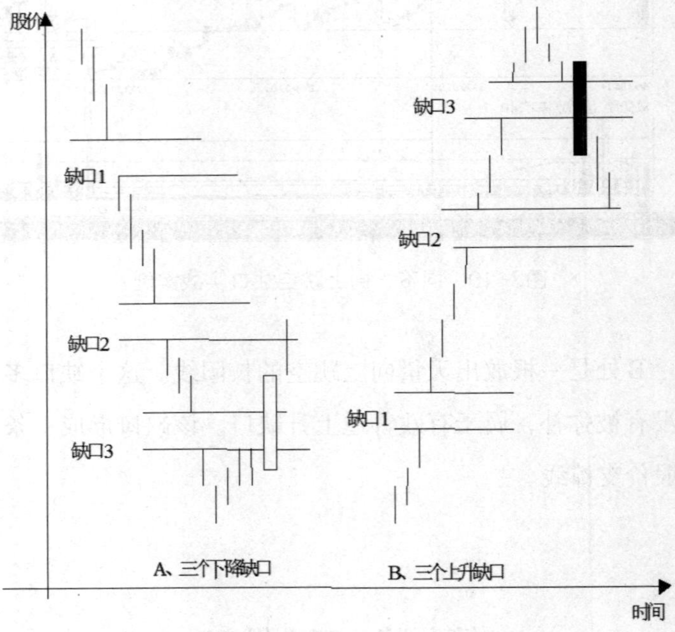

图3-11　三个缺口示意图

换言之，如果市场连续出现三个上升缺口或三个下降缺口，则表示原来的趋势发展已经过度，而即将发生修正。如上图所示，当看到连续三个缺口后，原来的趋势将发生反转。

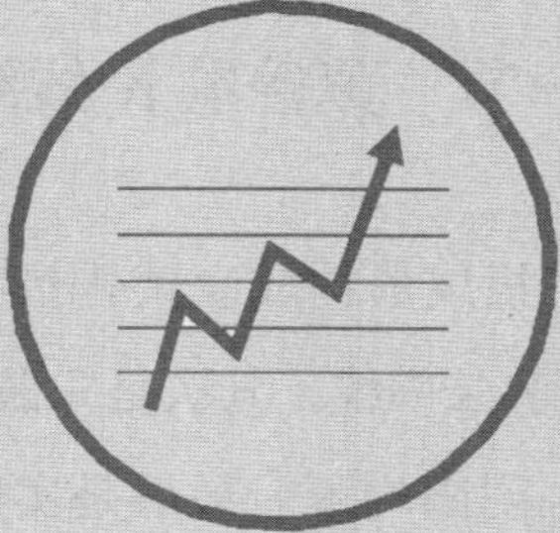

第四章

三日K线分析与实战

第一节　黄昏星K线组合

黄昏星是由三根线形构成。黄昏星如出现在上升趋势中，首先是一根顺势长阳线，其次是一根向上跳空的小实体线形，颜色不拘，阴阳均可。最后是实体向下跳空的长阴线，收盘价深入第一根阳线的实体之内。如果第二根线形是十字线，形态便是黄昏十字星。如下图所示。

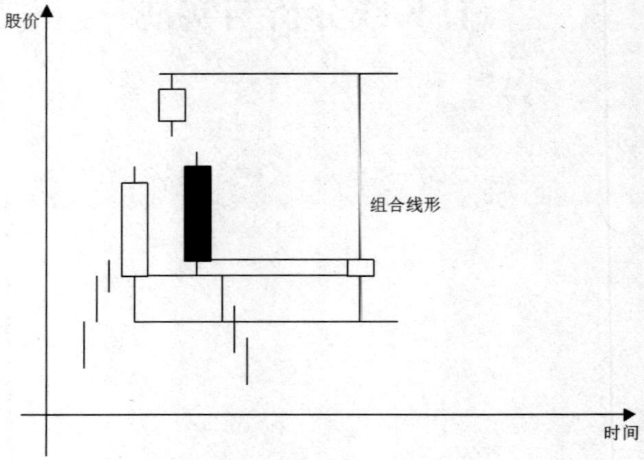

图4-1　黄昏星示意图

黄昏星组合线形的上影线越长，它的空头气氛越浓，反转的可能性就越大。

当第三根线的阴体部分超过阳体，组合线形变为阴体，空头控制了全局。实体越大，空头越强。

把三天的成交量加在一起就可计算出换手率。换手率越高，庄家出货的可能性就越大。

在这个排列中，务必等待第三根长阴线的确认。因为在前两根线形完成时，我们只知道先前的涨势已经转变为多空僵持局面，唯有第三根长阴线出现，才能确认空头已经掌握大局。

很多股票的走势证明：黄昏星的组合线形是一根纺锤线，当它出现在股价高位时是庄家为了派货而设置的多头陷阱。

第二节　晨星 K 线组合

下图是典型的晨星排列。第二根线形的实体与前后的实体之间都存在缺口。以组合线形来看，第三根线形的收盘价越深入第一根黑线实体的内部，组合线形的下影线就越长，多头形态的气势也就越浓。

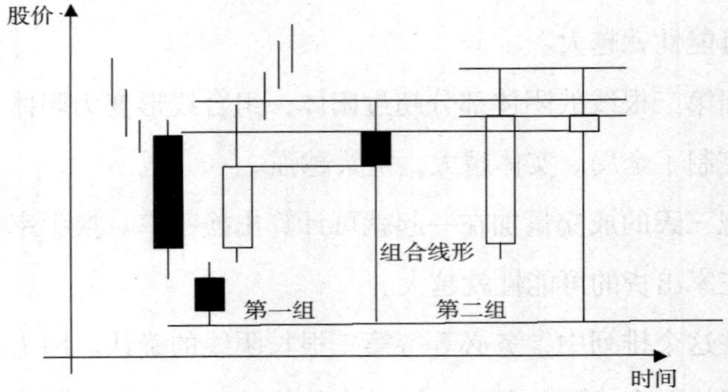

图4-2 晨星示意图

晨星组合线形的下影线越长，它的多头气氛就越浓，反转的可能性越大。

当第三根线的阳线实体超过第一根阴线实体，组合线形变为阳体（图形第二组），说明多头控制了全局。实体越大，多头气氛越强。

在这个排列中，务必等待第三根长阳线的确认。这是因为在前两根线形完成时，我们只知道先前的跌势已经转变为多空僵持的局面。唯有第三根长阳线出现后，我们才能确认多头已经掌握了大局。

第三节　红三兵 K 线组合

红三兵的标准图形是由三根实体短小的阳线组成。这种图形通常发生在行情的启动阶段，每日成交量温和放大。如下图所示。

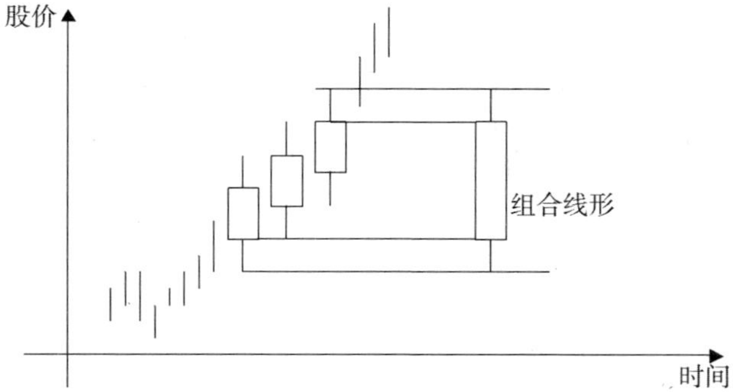

图4-3　红三兵示意图

在行情启动走势中，常出现第一根小阳，成交量温和放大；第二根是实体很小的阳线。成交量持平或温和放大；第三根是小长阳线。成交量持平或反而减小，第四天起一定有上升行情。

红三兵组合线形的下影线越长，它的多头气氛就越浓。

红三兵组合线形在中阳和长阳之间。多头控制了全局，实体越强，多头气氛越浓。

红三兵组合线形出现在启动行情的红三兵排列才能有效。如果在上升行情后期出现，很可能是庄家设置的派货多头陷阱。

第四节　黑三鸦K线组合

黑三鸦的标准图形是由三根实体短小的阴线组成。它通常发生在行情的头部阶段。如下图所示。

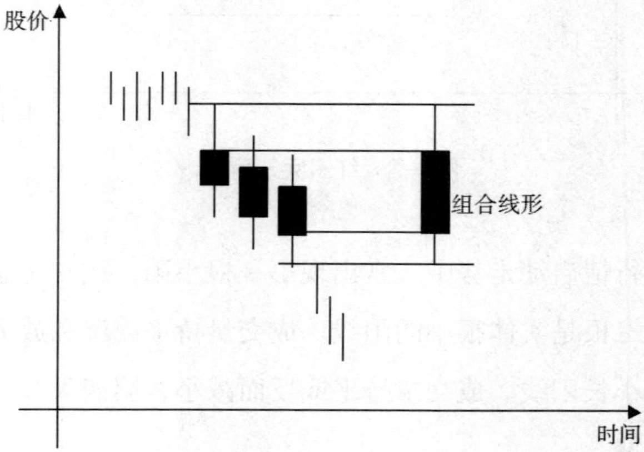

图4-4　黑三鸦示意图

黑三鸦组合线形的上影线越长，它的空头气氛就越浓。

黑三鸦组合线形实体长度常在中阴左右。实体越长，空头气氛越浓。

出现在头部行情的黑三鸦排列才能有效。如果是在下降行情或底部出现则没有指导意义。

黑三鸦在头部的实体不会很长，它是庄家在头部派货所形成的。由于头部的派货空间有限，黑三鸦的实体不会很长，一般在中阴左右。如实体过长，表明股价已下降很大，就没有指导意义。一些股市书籍把三根长阴作为“黑三鸦”处理，在此时出货已经太迟。

第五节 上升三部曲 K 线组合

标准的上升三部曲图形是由五根线形组成，第一根是长阳，紧接着是三根短小的阴体，第五根又是长阳。上升三部曲常发生在行情上升途中。如下图所示。

在上升走势中，出现一根长阳体；长阳体后面出现“黑三鸦”，这是上升途中调整和换手所致，是一个“假”黑三鸦；黑三鸦后又出现一根长阳。

上升三部曲组合线形的下影线越长，多头气氛越浓，实体越长，多头就越强。

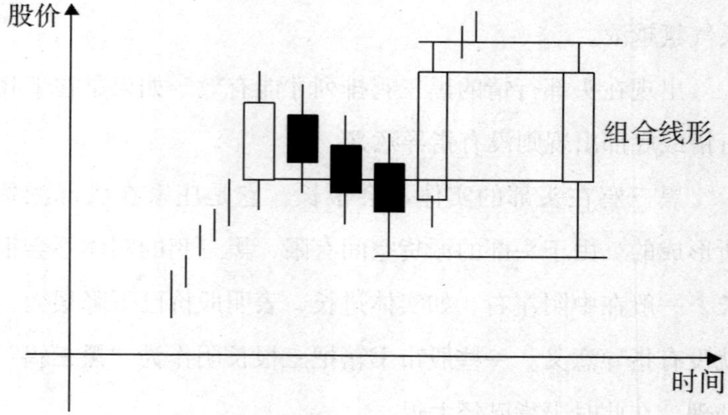

图4-5　上升三部曲示意图

五日的换手率越高，后市的上升行情就越强。

第六节　下降三部曲 K 线组合

标准的下降三部曲图形是由五根线形组成。第一根是长阴，紧接着三根短小的阳体，第五根又是长阴。下降三部曲常发生在行情下降中途。如下图所示。

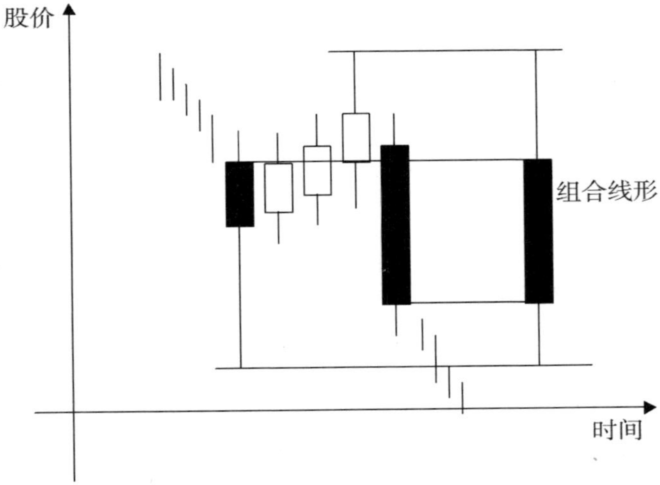

图4-6　下降三部曲示意图

在下降走势中，出现一根长阴体；长阴体后面出现红三兵，这是下降途中派发和换手所致；红三兵后又出现一根长阴。

下降三部曲组合线形的上影线越长，空头气氛越浓，实体越长，空头越强。

下降三部曲形态常发生在庄家派发股票初期和中期。下降三部曲是庄家的多头陷阱。在下降途中出现阳线，一些投资者会误认为是另一轮行情开始，而实际上是庄家拉高出货。这时买进股票的人，都掉进了庄家的多头陷阱。

第五章

1 分钟 K 线与日内走势

第一节　日内走势图的含义

分时走势图也叫即时走势图，它是把股票市场的交易信息实时地用平滑曲线在坐标图上加以显示的技术图形。如下图所示。

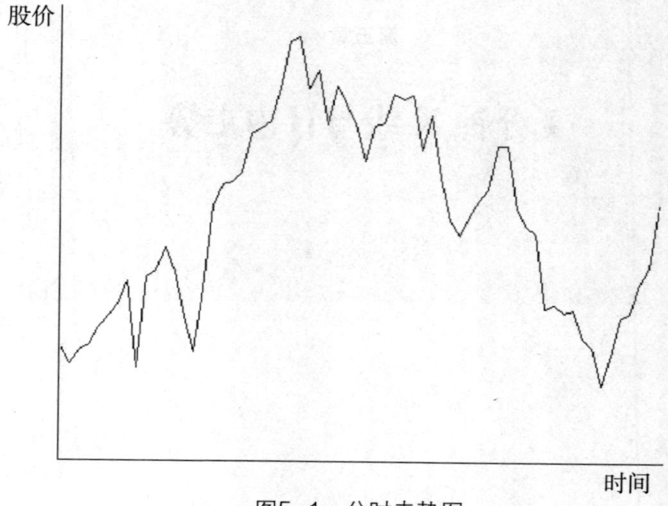

图5-1　分时走势图

在日图中，走势图相当于一分钟的K线图，不同的是，它只是显示收市价而已。走势图坐标的横轴是开市的时间，纵轴的上半部分是股价或指数，下半部分显示的是成交量。分时走势图分为指数分时走势图和个股分时走势图。

第二节　开盘后30分钟走势分析

1. 第一个10分钟

开盘后多头为了顺利吃到货，开盘后常会迫不及待地抢进，而空头为了完成派发，也会故意拉高，于是造成开盘后的急速冲高，这是强势市场中常见的。而在弱势市场中，多头为了吃到便宜货，会在开盘时即向下砸，而空头胆战心惊，也会不顾一切地抛售，造成开盘后的急速下跌。因此开盘后前10分钟的市场表现有助于正确地判断市场性质。

2. 第二个10分钟

则是多空双方进入休整阶段的时间，一般会对第一个10分钟的走势进行修正，如空方逼得太猛，多头会组织反击，抄底盘会大举介入；如多方攻得太猛，空头也会予以反击，获利盘会积极回吐。

3. 第三个10分钟

因参与交易的人越来越多，买卖盘变得较实在，虚假的成分较少，因此可信度较大，上午10：00左右将是产生当天集中交易热点的时间，此时昨日尾市走强的品种与部分板块强弱代表股票的强弱度已经显露，而一些职业机构在看清当天的消息面情况后开始演出，此时市场表现将可能是市场全天表现的缩影，只不过会在涨跌幅度上发生量变。这段时间的走势基本上为全天走向奠定了基础。

4. 三个10分钟走势的组合分析

如果是先上后下再上（即先涨后跌又涨），则当天行情趋好的可能性较大，日K线可能收阳线。因为它表明多头势力较强。若前30分钟直线上涨，则表明多头势强，后市向好的可能性很大，收阳线概率大于90%，回档是建仓良机。具体来说，若第二个下跌幅度很小，不低于开盘值，则行情应较乐观。若第三个上涨创下新高，行情就更乐观了，当天一般会大涨小回收阳线。若第二个下跌低于起涨点（开盘），则表明空头压力过大，当天的调整压力较大，一旦冲高无力，会出现急挫，只有在底部得到支撑，才会有较强反弹，但当天一般不太可能收在最高点。若第二个下跌低于开盘，而第三个上涨又高于前高点，则表明多空分歧比较大，当天震荡会较大，但最终仍可能以阳线报收。若第二个下跌虽没低于开盘，但第三个上涨却没创新高，特别是随后出现了较为有力的下跌，则说明在多空双方正面交锋时多头相对较弱，当天的回档会持续较长时间，收盘不可能为最高点，有时甚至会演化为“先上后下又下”走势，进而走淡并收出阴线。

如果是先下后上又下，则当天行情走淡的可能性较大，特别是先下后下又下，则表明空头力量十分强大，当天的反弹均构成出货机会，后市下跌的可能性较大。若开盘较高，收阴线的概率超过90%。具体来说，若第三个下跌创下新低，则为典型的空头特征，当天的反弹一般较弱。在中长期头部形成时，常出现类似形式。若第二个上涨创下新高，第三个下跌不创新低，则表明多头势力仍较盛，当天有冲高机会，尾盘可能不收在最低。若第二个上涨虽没创新高，但第三个下跌无力创新低，且随后出现上涨，表明空头压力虽大，多头仍不可小视，当天会先冲高后回落，但不会收在最低。若第二个上涨创新高，第三个下跌又创新低，则表明当天会有较大震荡，但尾盘可能收在较低位置。

如果是先上又上再下，则表明多头势力较强，但空头压力也大，当天如果在底部得到支撑，向上的机会仍较大。但若第三个下跌低于开盘，则表明空头力量过于强大，当天探底会比较深，这种探底一般是由于获利回吐所致。若第三个下跌较弱，甚至不低于第一个上涨，则当天多头势力较强，一般是大涨小回收阳线。

如果先下又下再上，则表明空头势力较强，但多头尚有反击余力，当天若高位压力略强，走淡机会较大，尤其是第三个上涨若软弱无力，特征会更明显。若第三个上涨超过了开盘，则一般属于拉高出货的行情，当天在高位盘整后，可能出现急跌。

如果是先上又下再下，则表明开盘后的向上是空头陷阱，当天走淡的可能性较大。

如果是先下又上再上，则表明开盘后的向下是多头获利回吐的表现，当天行情仍可能走好。

第三节　中午收市前 30 分钟走势分析

中午收市前的走势也是多空双方必争的。因为中午停市这段时间，投资者有了充裕的时间检讨前市走向，研判后市发展，并较冷静或较冲动地做出自己的投资决策，因此主力大户常利用收市前的机会做出有利于自己的走势来，引诱广大中小散户上当。一般来说，收市前与开市后的走势应综合起来看，而不能孤立对待。

如果大市上午在高位整理，收市前创下全天最高，则一方面表明买方力量较强，大势可能继续向好，另一方面则表明主力可能想造成向好的假象，以借机出货。怎样判断呢？若是前者，则下午开盘后应有冲动性买盘进场，借大势应快速冲高，回落后仍有向好机会，可以借机买入；如果是后者，则下午开盘后指数可能根本不动，甚至缓缓回头，即为主力故意拉高以掩护出货的开始。

如果大势连绵下跌无反弹，而反弹又迫在眉睫，则主力常做出大势跌势未尽的假象，在上午收市前刻意打压，使之以最低报收。下午开盘后，中午经过思考下定决心斩仓的人会迫不及待地卖出，故指数仍有急泻，结果这往往是最后一跌，或者因此时卖压相对较少，主力唯恐拉高时吃不到更多的筹码，所以还会造成第二次下跌，但此时成交量常开始萎缩，于是，此次下跌便是最佳的建仓良机。

如果大势平平处于上升或下跌途中，则收市前的走势一般具有指导意义。即若大市处于升势时中午收于高点，表明人气旺盛，市道向好；反之，若大市处于跌势时中午收于低点，表明人气低，市道向淡。若升势时中午收于低点，或跌势时中午收于高点，多半是假象，改变不了其本来走势。

第四节　下午 13 ：00 开盘走势分析

由于在中午有电台、电视股评等因素存在（有些股评人士是上午涨就叫好，上午跌就叫空），13：00开盘时容易造成当天的次（最）高点或次（最）低点，此时很容易操作错误，应多看技术指标或冷静思考。

第五节　尾盘 45 分钟走势分析

尾盘在时间上一般认为是最后15分钟，实际上从最后45分钟多空双方即已开始暗暗较量了。若从最后45分钟到35分钟这段时间上涨，则最后的走势一般会以上涨而告终。因为此时参与交易的人数最多，当涨势明确时，会有层出不穷的买盘涌进推高指数；反之，若最后45分钟到35分钟这段时间下跌，则尾市一般难以走好。特别是到了最后30分钟大盘的走向极具参考意义，此时若在下跌过程中出现反弹后又调头向下，尾盘将可能连跌30分钟，杀伤力极大。在具体操作上，当发现当日尾盘将走淡时，应积极沽售，以回避次日低开；当发现尾盘向好时，则可适量持仓以迎接次日高开。

第六节 个股开盘异常走势分析

1. 瞬间大幅高开：开盘时以涨停或大幅高开，瞬间又回落

目的：

（1）突破了关键价位，庄家不想由于红盘而引起他人跟风，故做成阴线，也有震仓的效果。

（2）吸筹的一种方式。

（3）庄家试盘动作，试上方抛盘是否沉重。

2. 瞬间大幅低开：开盘时以跌停或很大跌幅低开

目的：

（1）出货。

（2）为了收出大阳使图形好看。

（3）操盘手把筹码低价卖给自己或关联人。

第七节 个股盘中异常走势

盘中瞬间大幅拉高或打压主要为做出长上、下影线。

1. 瞬间大幅拉高：盘中以涨停或很大升幅一笔拉高，瞬间又回落

目的：试盘动作，试上方抛盘是否沉重。

2. 瞬间大幅打压：盘中以跌停或很大跌幅一笔打低，瞬间又回升

目的：

（1）试盘动作，试下方接盘的支撑力及市场关注度。

（2）操盘手把筹码低价卖给自己或关联人。

（3）做出长下影，使图形好看，吸引投资者。

（4）庄家资金不足，抛出部分后用返回资金拉升。

3. “钓鱼”线

在个股当日即时走势中，开始基本保持某一斜率上行，之后突然直线大幅跳水，形成类似一根“鱼竿”及垂钓的“鱼线”的图形。此为庄家对倒至高位，并吸引来跟风盘后突然降低好几个价位抛出巨大卖单所至。此时若接盘不多，出不了多少，可能庄家仍会拉回去；反之，则一泻千里。

4. 长时间无买卖

由于庄家全线控盘或多数筹码套牢在上方，又无买气使然。

5. 在买盘处放大买单

此种往往为庄家资金不雄厚的表现，企图借此吸引散户

买入，把价位拉高。

换位思考一下：庄家若欲建仓，并大幅拉高，隐蔽还来不及，怎么会露于世人。

第八节　个股尾盘异常走势

1. 收盘前瞬间拉高

表现为：在全日收盘前半分钟（14：59）突然出现一笔大买单加几角甚至1元、几元把股价拉至高位。

目的：由于庄家（或主力，以下略）资金实力有限，为节约资金而能使股价收盘收在较高位或突破具有强阻力的关键价位，尾市“突然袭击”，瞬间拉高。假设某股10元，庄家欲使其收在10.80元，若上午就拉升至10.80元，为把价位维持在10.80元高位至收盘，就要在10.80元接下大量卖盘，需要的资金必然很大，而尾市偷袭由于大多数人未反应过来，反应过来也收市了，无法卖出，庄家因此达到目的。另一些基金重仓的股票在要计算基金净值的那一日为使基金净值提高，曾有尾市瞬间拉高的现象。

2. 收盘前瞬间下砸

表现为：在全日收盘前半分钟（14：59）突然出现一笔

大卖单降低很大价位抛出，把股价砸至低位。

目的：

（1）使日 K 形成光脚大阴线，或十字星，或阴线等较“难看”的图形使持股者恐惧而达到震仓的目的。

（2）使第二日能够高开并大涨而跻身升幅榜，吸引投资者的注意。

（3）操盘手把股票低价位卖给自己，或关联人。

第九节　大盘指数分时走势图

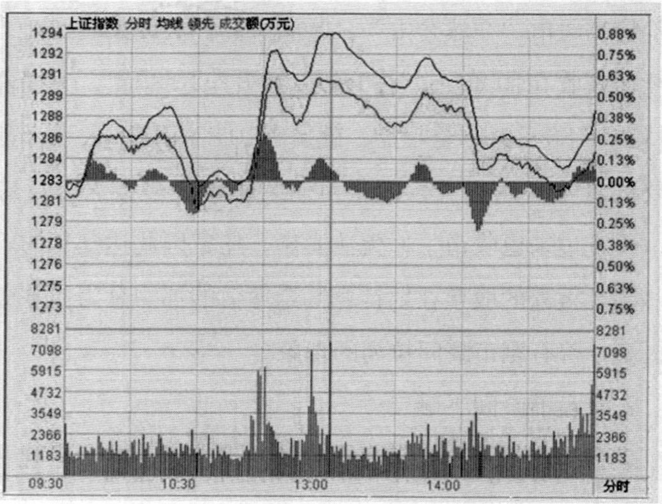

大盘指数分时走势图

上图中红色曲线表示上证交易所对外公布的通常意义下的大盘指数，也就是加权数。因上证指数是以各上市公司的总股本为加权计算出来的，故盘子大的股票较能左右上证指数的走势，如马钢、石化等。

上图中蓝色曲线是不考虑上市股票发行数量的多少，将所有股票对上证指数的影响同等对待的不含加权数的大盘指数。参考红色曲线和蓝色曲线的相对位置关系，可以得到以下信息：

当指数上涨，红色曲线在蓝色曲线走势之上时，表示发行数量少（盘小）的股票涨幅较大；而当红色曲线在蓝色曲线走势之下，则表示发行数量多（盘大）的股票涨幅较大；当指数下跌时，如果红色曲线仍然在蓝色曲线之上，这表示小盘股的跌幅小于大盘股的跌幅；如果红色曲线反居蓝色曲线之下，则说明小盘股的跌幅大于大盘股的跌幅。

上图中间红色、绿色的柱线反映当前大盘所有股票的买盘与卖盘的数量对比情况。红柱增长，表示买盘大于卖盘，指数将逐渐上涨；红柱缩短，表示卖盘大于买盘，指数将逐渐下跌。绿柱增长，指数下跌量增加；绿柱缩短，指数下跌量减小。

上图下方柱线表示每分钟的成交量，单位为手（100 股 / 手）。

第十节　个股分时走势图

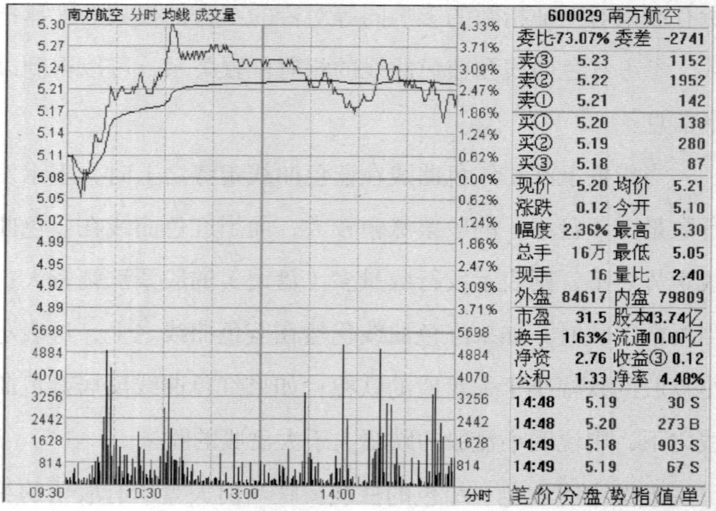

个股分时走势图

上图中红色曲线表示该种股票的分时成交价格。蓝色曲线表示该种股票的平均价格。下方柱线表示每分钟的成交量，单位为手（100股 / 手）。下面是分时走势图中右边出现的名词及含义。

1. 委比

委比是衡量某一时段买卖盘相对强度的指标。它的计算公式为：

委比 =（委买手数 - 委卖手数）÷（委买手数 + 委卖手数）× 100%

委买手数：现在所有个股委托买入下三档的总数量。

委卖手数：现在所有个股委托卖出上三档的总数量。

委比值的变化范围为 - 100% ~ + 100%，当委比值为-100%时，它表示只有卖盘而没有买盘，说明市场的抛盘非常大；当委比值为 + 100%时，它表示只有买盘而没有卖盘，说明市场的买盘非常有力。当委比值为负时，卖盘比买盘大；而委比值为正时，说明买盘比卖盘大。委比值从-100% ~ + 100%的变化是卖盘逐渐减弱、买盘逐渐强劲的一个过程。如某一时刻，股票 G 的买入和卖出委托排序情况如下表所示。

股票G的买入和卖出委托排序情况

序号	委托买入价（元）	数量（手）	序号	委托卖出价（元）	数量（手）
1	3.64	5	1	3.65	6
2	3.60	7	2	3.70	6
3	3.54	6	3	3.75	3
4	3.50	6			

现在委托买入的下三档的数量为17手，卖出委托的上三档数量为15手，股票G在此刻的委比为：

委比＝（委买手数－委卖手数）÷（委买手数＋委卖手数）×100%

＝（17－15）÷（17＋15）×100%

＝6.66%

委比值为6.66%，说明买盘比卖盘大，但不是很强劲。

2. 买一、卖一

买一、买二、买三为三种委托买入价格，其中买一为最高申买价格。卖一、卖二、卖三为三种委托卖出价格，其中卖一为最低申卖价格。有的股票操作软件可以显示多达十种委托买卖价格，其含义是相同的，不一一介绍。

3. 内盘和外盘

所谓内盘就是股票在买入价成交，成交价为申买价，说明抛盘比较踊跃；外盘就是股票在卖出价成交，成交价为申卖价，说明买盘比较积极。

如某一刻股票G的委托情况如下表所示。

股票G的委托情况

序号	委托买入价（元）	数量（手）	序号	委托卖出价（元）	数量（手）
1	3.60	4	1	3.75	6

由于委托买入价与卖出价之间没有相交部分，股票G在此刻就没有成交，申买与申卖就处于僵持状态。此时，若场内的抛盘较为积极，突然报入一个卖出价3.60元，则股票G就会在3.60元的价位上成交，成交价为申买价，这就是内盘；反之，若场内的买盘较为积极，突然报入一个买入价3.75元，则股票G就会在3.75元的价位上成交，成交价为申卖价，这就是外盘。

4. 量比

它是一个衡量相对成交量的指标，它是开市后每分钟的平均成交量与过去五个交易日每分钟平均成交量之比。其公式为：

量比 = 现成交总手 ÷（过去5日平均每分钟成交量 × 当日累计开市时间（分）

当量比大于1时，说明当日每分钟的平均成交量要大于过去5日的平均数值，交易比过去5日火爆；而当量比小于1时，说明现在的成交比不上过去5日的平均水平。

5. 均价

均价是现在这个时刻买卖股票的平均价格。它的计算公式为：

均价 =（各分时成交的量 × 成交价）÷ 总成交股数

6. 上涨或下跌幅度

它表示的是现在的股价相对于前一交易日收盘价的涨跌相对数，其计算公式为：

涨跌幅度 =（现股价 − 前一日的收盘价）÷（前一日的收盘价 × 100%）

7. 现手

已经成交的最新一笔买卖的手数。在盘面的右下方为即时的每笔成交明细，红色向上的箭头（此图用字母B表示）表示以卖出价成交的每笔手数，绿色箭头（此图用字母S表示）表示以买入价成交的每笔手数。

第十一节　走势图与K线图

因为走势图相当于1分钟的K线图，所以对图形形态分析的方法同样适用于走势图，走势图比K线图更是简洁明了。对日内走势图的分析必须与前期股价走势结合起来，这样才能增加分析的准确度。特别是当前期走势处于未有明显趋势时，对日内走势图的分析更容易把握短线机会。

第十二节　开盘定性分析

集合竞价是每个交易日第一个买卖股票的时机，这也是机构大户借集合竞价高开拉升或减仓，跳空低开打压或进货的黄金时间段，开盘价一般受昨日收盘价影响。

若高开，说明人气旺盛，抢筹码的心理较多，走势有向好的一面。但如果高开过多，使前日买入者获利丰厚，则容易造成过重的获利回吐压力。如果高开不多或仅一个点左右，则表明人气平静，多空双方暂无恋战情绪。

如果低开，则表明获利回吐心切或亏损割肉者迫不及待，故市势有转坏的可能。若昨日股指、股价处于当日最高价位，次日开盘往往跳空高开；反之，则低开。

如果在底部突然高开，且幅度较大，常是多空双方力量发生根本性逆转的时候，因此，回档时反而构成进货建仓良机；反之，若在大势已上涨较多时发生大幅跳空，常是多方力量最后喷发的象征，表明牛市已走到了尽头，反而构成出货机会。

同样，在底部的大幅低开常是空头歇斯底里的一击，反而构成见底机会，而在顶部的低开则证明人气涣散，皆欲争先逃出，也是市势看弱的表现。其后虽有反弹，但基本上一路下泻。

在大市上升中途或下降中途的高开或低开，一般有继续原有趋势的意味，即上升时高开看好，下跌时低开看淡。当然在连续的单边走势后会发生特殊情况，一般情况下开盘后股价立即单边涨停或跌停的情况出现，预示着该股有消息与信心十足的机构猛烈的单边动力，可以适当地跟进做多或做空，许多有经验的投资者常常在9:20左右敲键F3，然后敲键+号进入即时成交视窗，一般情况下最先出现的有大手笔竞价成交的个股很可能成为当日的主要做多或做空的明星品种，因为一般情况下，大资金的操盘手如在当日有操作计划，都会较早地到证券公司做好准备并较早地做好集合竞价显示出趋向，作为投资者应注意此种股票的短线动向并利用之。

另外如果能够把握住意外的无原因的大幅高开或大幅低开的机会则是意外之喜（对于勤快的投资者1年可能会把握5次左右的此类机会）。

需要注意的是如果预见较大的利多或利空因素参与集合竞价，时间最好应在9:20以前。

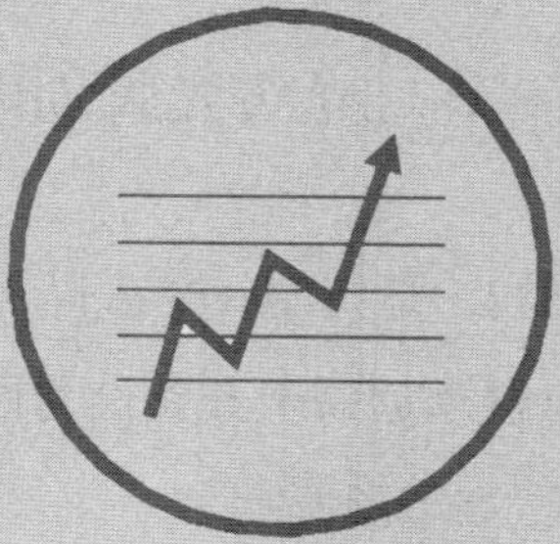

第六章

周 K 线分析与实战

第一节　光头光脚周阳线

光头光脚周阳线，是指周一开盘价为最低价，周五收盘价为最高价，收盘价远远高于开盘价的周K线。其中心值位于K线实体的中间。如下图所示。

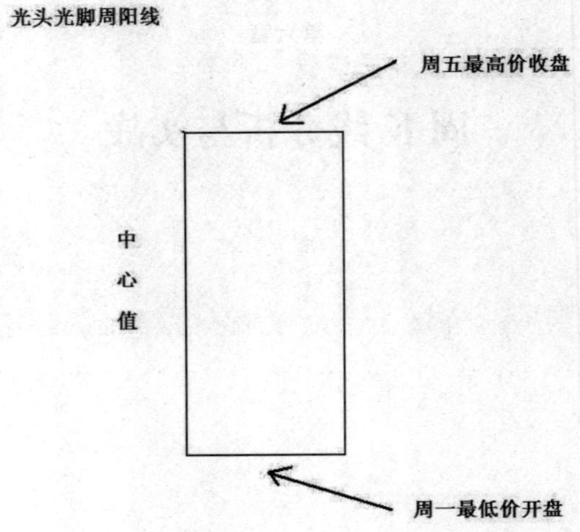

图6-1　光头光脚周阳线示意图

光头光脚周阳线的出现说明在一周的交易时间内，买方占尽了明显的优势，卖方势单力薄，毫无还击之力。一般来说，它的出现有三种情况：

（1）本周初期买方不动声色地在低位吸纳筹码，在周三、周四才开始发力拉高，由于卖盘稀少，指数或股价在几天之内就被大幅推高，周五以最高价报收。

（2）买方在上周整理行情中早已经做好了充足准备，本周一一开盘就展开了凌厉的攻势，在本周中段虽然卖方出现过反击，但是卖盘软弱无力，买方变本加厉继续拉高，直至周五以最高价报收。

（3）本周的升势是上一两周升势的延续，周一，一开盘就持续拉高上升，市场一直看好，在本周内股价经常跳空高开高走，并在极度乐观的情绪中以全周最高价收盘。

光头光脚周阳线出现的上述三种情况，均孕育着危机！一旦出现了光头光脚周阳线，下周股价走势将出现逆转，即由上升转向下跌，因此下周将是高位卖出的时机。尤其是下周初股价大幅上扬的话，极有可能会走出冲高回落行情。因此，下周前半段坚持高位卖出的方针不能动摇！

如果本周的光头光脚周阳线是一根较小的周线的话，很有可能在本周经过换手整理，上攻能量没有耗尽，大市仍有上升空间。因此，本周若是线体较小的光头光脚周阳线，那么下周仍将继续收出阳线。尤其是下周初先做回档又跌不破本周中心值的话，下周继续上升、全周收阳线的可能性就增大。

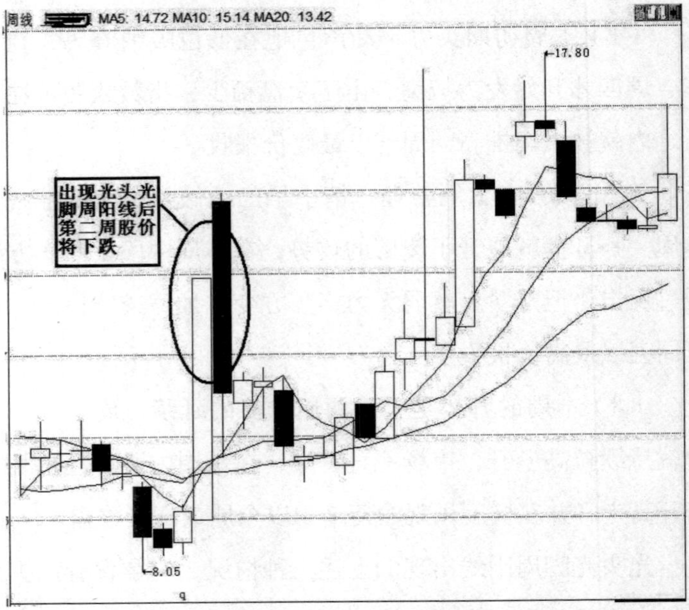

图6-2　光头光脚周阳线形态图解

第二节　短下影光头周阳线

短下影光头周阳线是指最低价略低于周一开盘价，最高价等于周五收盘价，收盘价明显高于开盘价的周K线。其中心值位于实体之中。如下图所示。

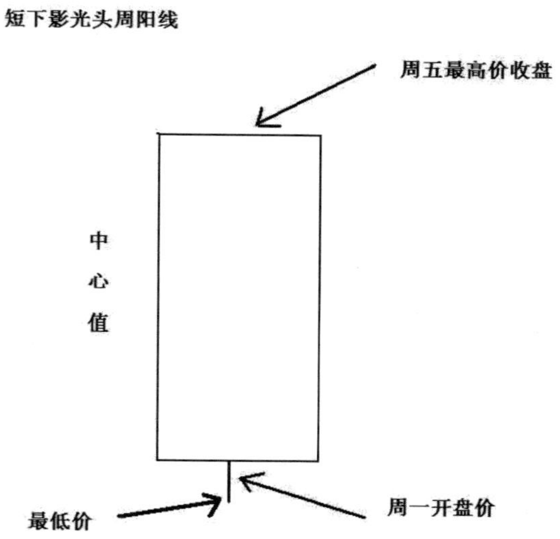

图6-3　短下影光头周阳线示意图

投资者一定要注意，短下影光头周阳线在日线图上是强势的标志，它出现后，一般次日仍会再收阳线，股价进一步上升。但是，在周K线图中拉出这种下影光头阳线，却未必意味着下周仍会收阳线。如果它出现在上升途中而且本周跳空高开的话，下周将成为转向下跌的转折点。

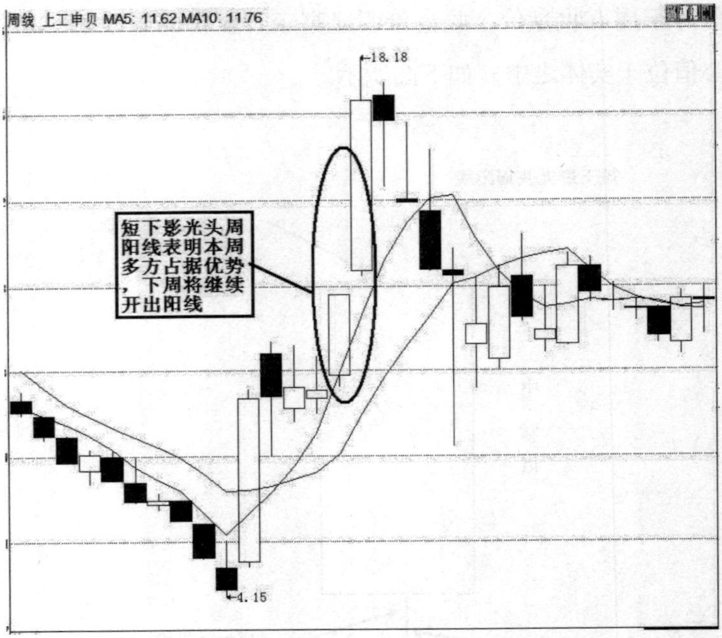

图6-4 短下影光头周阳线形态图解

那么，遇到短下影光头周阳线后投资者应怎样操作呢?

（1）如果它前面有两根以上的阴线，而且本周这根阳线较为短小的话，那么，下周仍将会走出强劲的上升行情，因此它是一个强烈的买入信号。下周一一开盘，就应该果断买入，并在下周全周坚持持股的方针不动摇。

（2）如果本周这根阳线是一根实体部分很长的大阳线的话，那么不管它前面是阴线还是阳线，它都意味着下周走势将会发生逆转，收出带上影线的阴线或收出上跳阴线的可能性很大。因此，在操作上，下周应该寻找高位卖出。如果下周一没有冲高就回档，那么可以继续持股，因为在下周内会有冲高的机会，待冲高后再卖出未迟；如果下周一就继续上升，那么，当天就应该在高位卖出一半持股，另一半持股也待股价已有回落迹象再卖出。原则上应该在下周三之前全部清仓，而且在下周内不再买回。

第三节　上下影周阳线

上下影周阳线是指收盘价明显高于开盘价但低于最高价，开盘价高于最低价，上下影线的长度大致相等的周K线，其中心值位于实体之中。如下图所示。

上下影周阳线是周K线图上出现的最多的一种阳线。它的出现，说明买方力量仍较强大，但是卖方的力量也不容忽视：首先，当股价经过持续或者大幅的下跌之后，出现了这种实体不是很大的周阳线，通常是股价止跌回升步出低谷的标志，此后股价仍会继续扬升；其次，当股价经过了持续或者大幅的上升之后，出现这种周阳线而且实体较长的话，那么，它就预示升势达到或者即将达到顶部，股价将会转向下跌。此外，在上升途中，若出现与上周的阳线大小相似的这种周阳线的话，则说明买盘进一步增强，股价进一步上升的可能性较大。

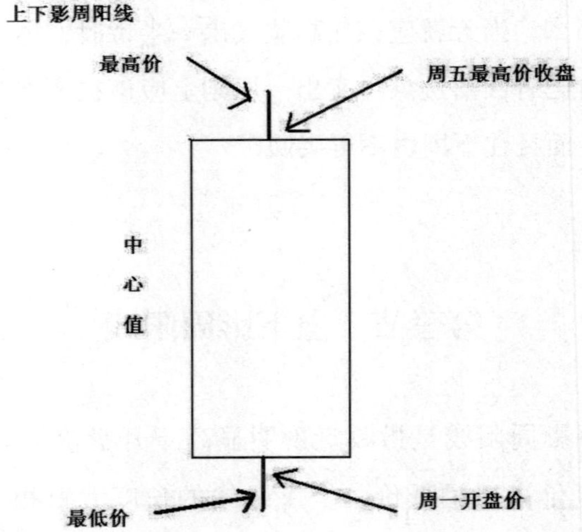

图6-5　上下影周阳线示意图

出现上下影周阳线后，投资者可做如下操作：

（1）股价经过持续下跌或者经过中期整理之后，出现线体不大的这种周阳线，是股价转向上升的标志，应该在下周初果断地买入待涨，原来已经持股者则应该继续持股。

（2）当股价上升途中出现这种周阳线，如果线体并不大的话，下周股价仍有可能进一步上升，但是风险也同时增大。在操作上，如果下周初股价不升反跌，而又跌不破本周中心值就企稳回升，这就可以期待下周再收阳线，应该果断跟进。反之，如果下周初就继续上升的话，谨慎的操作就是观望。此时，持股者可观望至股价上升乏力时趁高卖出，而空仓者则可期待股价冲高回落。

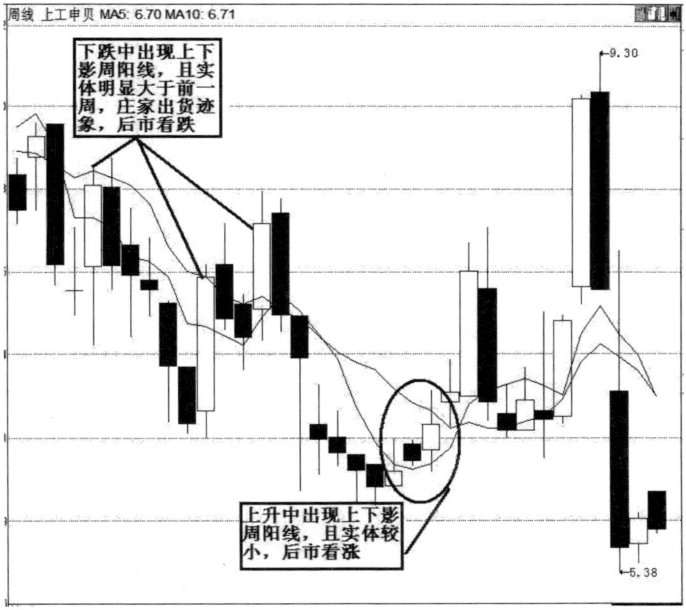

图6-6　上下影周阳线形态图解

（3）股价经过持续上升后出现这种周阳线，如果线体明显比上周阳线长的话，那就是升势即将逆转的标志，下周走势很可能冲高之后转向下跌，一轮调整行情即将到来。因此，持股者应该在下周初冲高之时卖出了结，而持币者此时切忌冒险。

第四节　短上影光脚周阳线

短上影光脚周阳线是指收盘价明显高于开盘价、但又略低于最高价、开盘价就是最低价的周K线。其中心值位于K线实体之内。如下图所示。

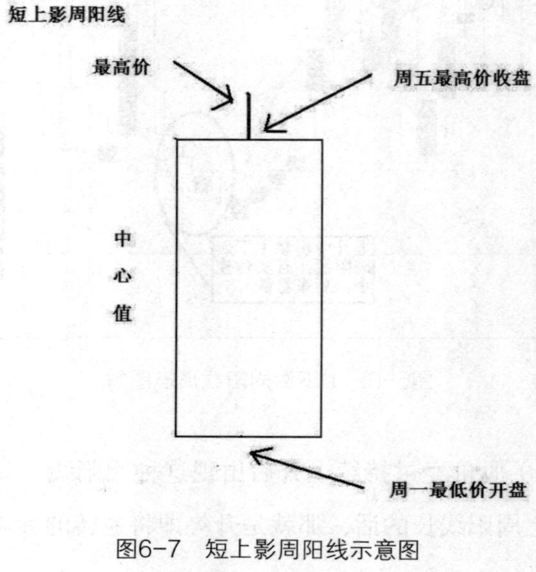

图6-7　短上影周阳线示意图

在日线图中，这种短上影光脚周阳线往往是升势受阻的表现，其后往往会伴有一定程度的调整，但是在周线图中，这种阳线却是一种最强的阳线。它不仅说明了买方已经控制了大局，而且它的短上影也说明了股价经过强势的调整，短线获利盘经过了换手，后市进一步上扬的压力已经转弱，股价进一步上升的道路已经铺平。

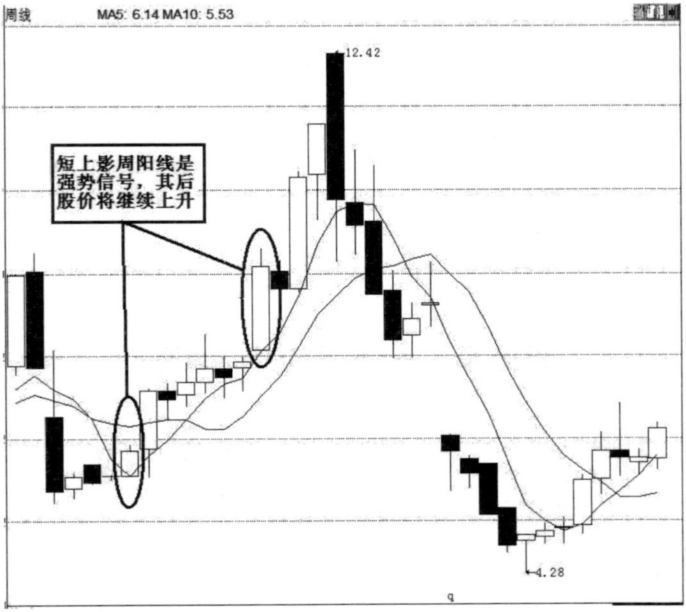

图6-8　短上影周阳线形态图解

短上影光脚周阳线的实战操作方法如下：

（1）短上影光脚周阳线经常出现在上升途中，如果它的线体不是十分长的话，预示股价将会进一步上扬。在操作上，持股者应该继续持股待涨，而空仓者则可以在下周初买入跟进。

（2）如果上周也出现了类似的周阳线，而且本周的线体明显大于上一周，上影线也相对长一些的话，那么下周可能会出现短期调整，收出周阴线或者十字星的可能性较大。但是，再下一周股价仍会上升。在操作上，持股者在下周初可以乘高卖出，下周后半周才在低位买回，以谋取短线差价。中线持股者仍可以继续持股，空仓者则可以在下周后半周才伺机低位买入。

第五节　长下影光头周阳线

长下影光头周阳线是指最低价明显低于开盘价、收盘价高于开盘价而又等于最高价的周K线。其中心值位于下影线区间。如下图所示。

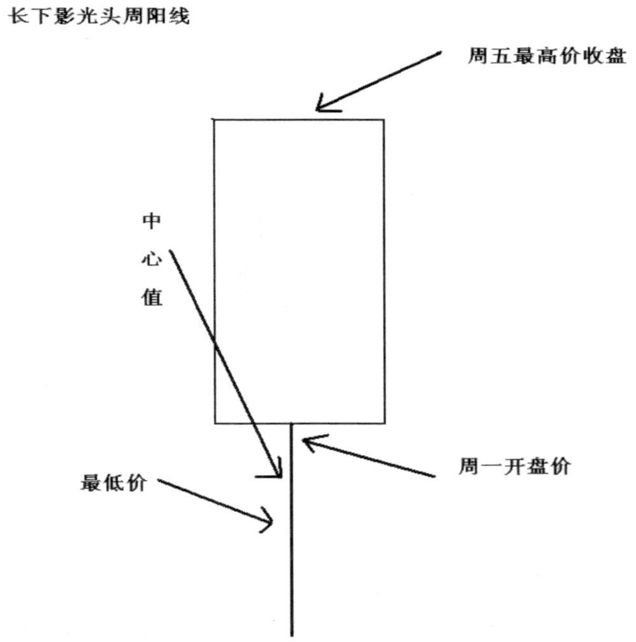

图6-9　长下影光头周阳线示意图

长下影光头周阳线的出现，说明上半周卖方曾经发动袭击，并且一度占据了上风，但是卖方并未能保住其主动权，买方在其后发动反攻，不仅全部收复失地，而且以全周的最高价收盘，表面上看，好像是买方已经大获全胜，控制了大局，但实际上，上半周卖方的袭击已经动摇了人们的信心，后半周拉高所产生的获利盘大多都有回吐的念头。

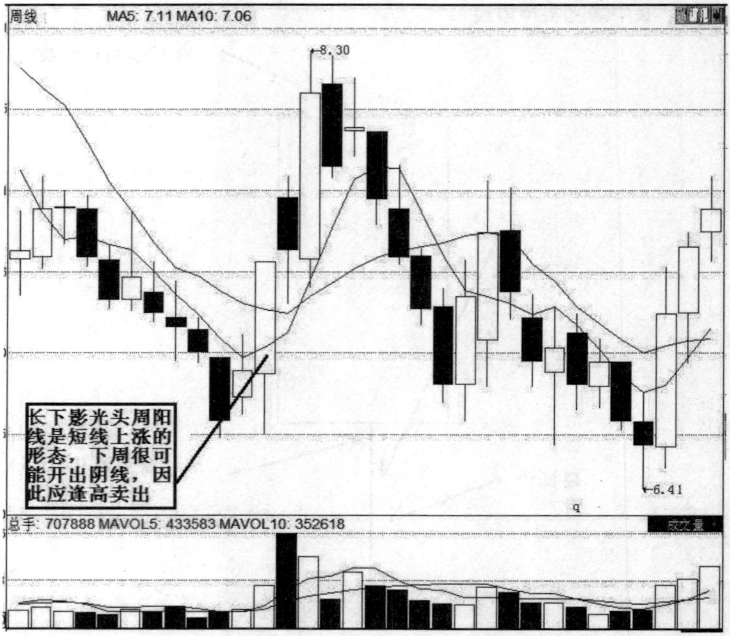

图6-10　长下影光头周阳线图解

长下影光头周阳线在日线图中是买盘很强的表现，但是在周线中，它通常表现为一种短线的行情，而且它出现的频率很低，在有一定规模的市场中很少见到它的踪影。

针对这种K线，投资者可进行以下操作：

除非本周的最高价、最低价都未能超出上周阴线的范围，否则，长下影光头周阳线大多代表着一种短线反弹，而在上升途中出现的话，也意味着获利盘开始回吐。此线出现后，下周冲高之后下跌而且收出周阴线的可能性很大，因此，持股者应该在下周初趁股价上升时卖出。

在连续的下跌行情中，对周K线而言，要等到较长的下影线和成交量极度萎缩同时出现时，才可以考虑是否介入，而不应仅靠日K线的分析来判断操作的时机。

第六节　长上影光脚周阳线

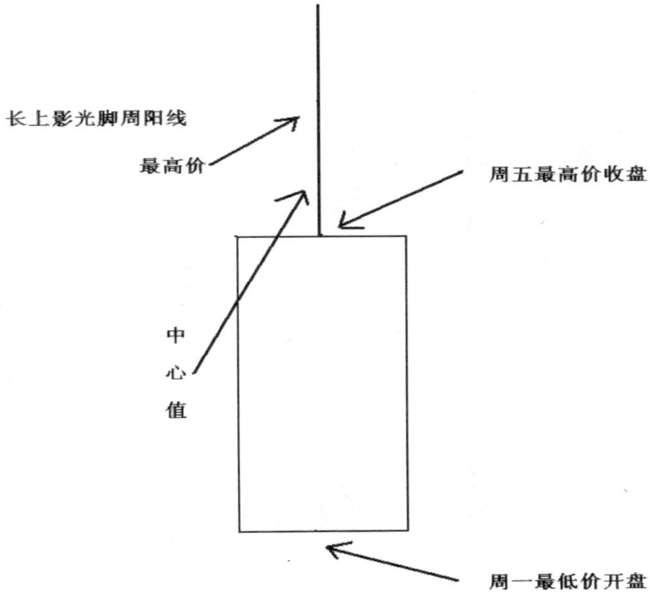

图6-11　长上影光脚周阳线示意图

长上影光脚周阳线是指开盘价就是最低价、收盘价高于开盘价但是明显低于最高价的周K线。其中心值位于上影线区间。如上页图所示。

长上影光脚周阳线反映的是一周冲高受阻回落的行情。从全周情况看，买方在全周的搏杀中仍占有一定的优势，因而收盘价仍然高于开盘价，但是买卖双方力量对比已经发生了重大变化，即买盘渐弱，而卖盘渐强，走势发生逆转的可能性增大。

图6-12 长上影光脚周阳线图解

遭遇长上影光脚周阳线后，投资者应按如下方法操作：

（1）多数情况下，这种周阳线出现之后，往往都走出股价大幅下跌的行情，至少是一个中期的调整，因此，下周初期应该是卖出的关键时刻，而且在短期内不应该再买回，以回避风险。

（2）个别情况下，下周股价在成交放大的配合下，向上突破本周中心值，这样就有可能突破本周最高价从而创出新高。这种情况表明有新的买盘进场承接筹码，新一轮升势正在展开。在操作上，持股者可以在股价接近中心值时卖出一半持股，其余的观察走势变化再作定夺，这是一种谨慎的做法。而空仓者则可以在有效上破本周中心值后小量建仓，待到有效上破本周最高价后再全面建仓。

如果周K线在连续上涨之后出现了较长的上影线，与此同时，成交量也明显放大，表明行情即将进入调整，此时通常可以看作是卖出的信号，应在下周初及时出局，不一定要等到日K线发出卖出信号时再作决定。

第七节 长下影短上影周阳线

长下影短上影周阳线是指收盘价高于开盘价，但低于最高价，最低价又远远低于开盘价的周K线。其中心值位于下影线区间。如下图所示。

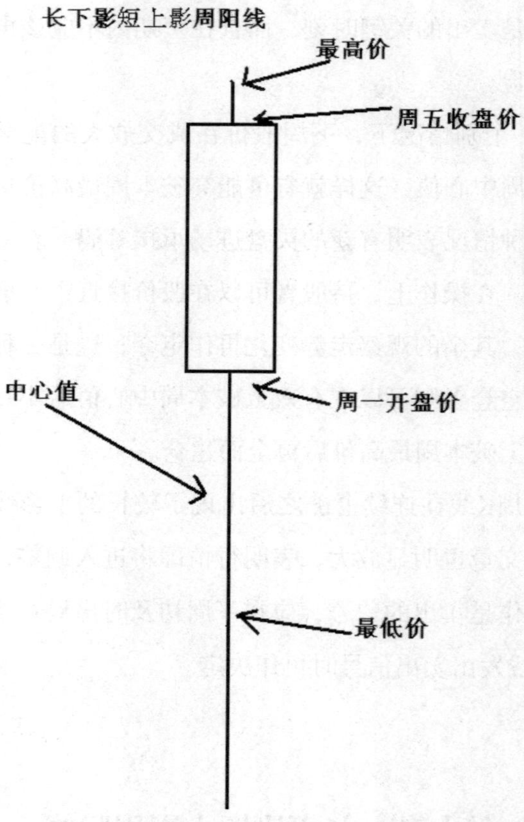

图6-13　长下影短上影周阳线示意图

在日线图中，长下影短上影阳线是强势的表现，但是在周线图中它只反映了买卖双方一定程度的争持，即买方在较低的价位有较强的实力，而卖方在较高价位上也有不弱的力量。因此，它表现的是一种整理的行情，而且很少在上升途中见到它的踪影，倒是在反弹行情中可以找到它。实战中，长下影短上影周阳线的操作方法比较简单，因为长下影短上影周阳线的出现，往往表示反弹行情的完结，下周股价重返跌势的可能性极大。因此，下周初开盘应该继续采取卖出的方针。

在上涨行情中，如果周K线呈现出量价齐增的态势，下周应该还会有新的高点出现。如果周初盘中出现低点，一般不要依照日K线的提示考虑卖出，反而应当视为较好的短线介入时机而考虑短线买入。

第八节　长上影短下影周阳线

长上影短下影周阳线是指开盘价低于收盘价但高于最低价，最高价又远远高于收盘价的周K线。其中心值位于上影线区间。如下图所示。

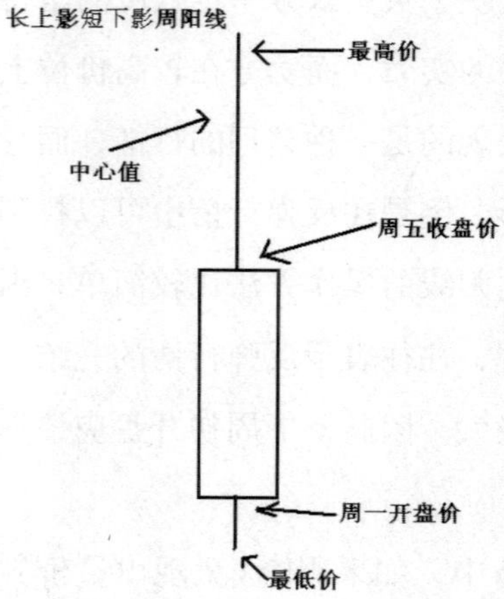

图6-14　长上影短下影周阳线示意图

长上影短下影周阳线是较常见的周K线，在日线图中，这种K线通常是一种走势较弱的表现，在升势中出现的话，通常是股价大跌的先兆。而在周线图中，它只反映买卖双方一定程度的争夺。因而它大多出现在盘整区域，它出现后，跟随而来的常常是两三周甚至更长时间的整理行情，而且本周的最高价、最低价一般会成为本段整理行情的上限和下限。因此，可以说长上影短下影周阳线是进入整理行情的标志。

投资者可以采取的操作方法为：

（1）如果它是出现在下跌行情或者是盘整行情中，而且下周初低开的话，那么通常会走出盘升的行情，下周的周

K线收阳的可能性较大，但是下周的最高价和最低价不会超出本周的范围。因此，在操作上，可以参照本周的次高价和次低价，作低买高抛的短线，以赚取差价，而中线投资者可以静观待变。

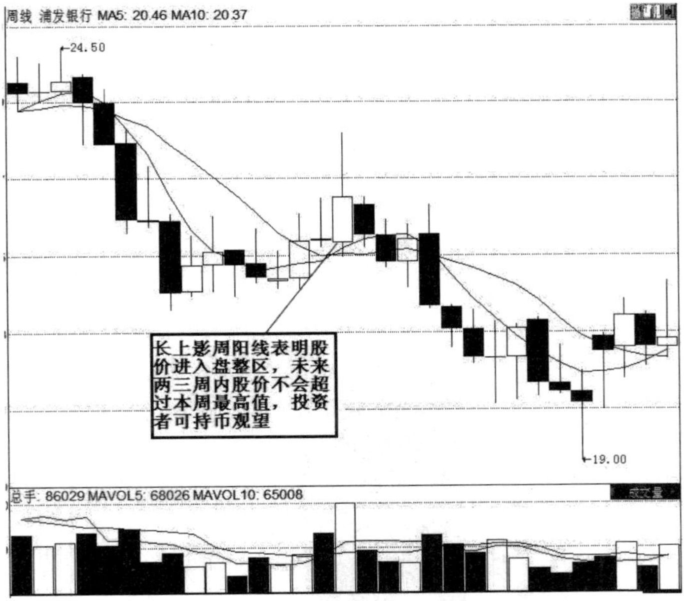

图6-15　长上影短下影周阳线形态图解

（2）如果本周之前是一根或者一根以上的大阳线的话，那么，本周的K线就带有转折的意味，股价经过整理之后掉头下行的可能性较大。如果下周开盘股价就上升的话，那么转向下跌的可能性就更大。因此，当下周初开盘上升之时，应该卖出了结，空仓待变。

第九节　光头光脚周阴线

光头光脚周阴线是指周一开盘价就是最高价、周五收盘价就是最低价而且明显低于开盘价的周K线。其中心值位于实体的中间。如下图所示。

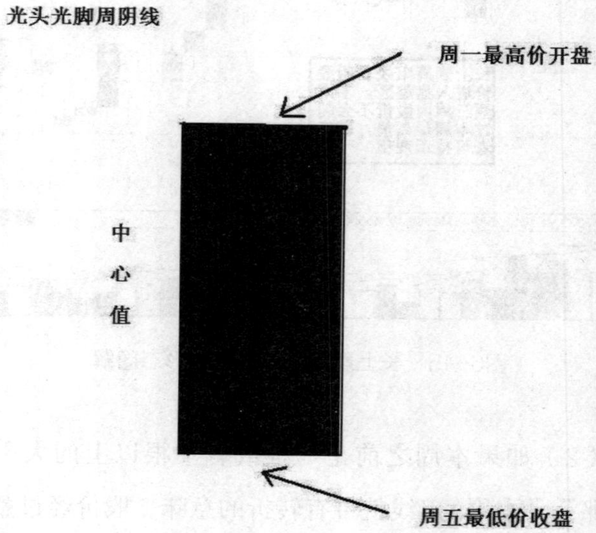

图6-16　光头光脚周阴线示意图

光头光脚周阴线在日线图上是一种强烈的卖出信号，但是在周线图中却并非如此，投资者对于此线的出现完全不必惊慌。在技术上，本周内可能经过了跳空下跌的走势，而技术指标经过调整，可能已经有了反弹的要求。但是，由于这种周阴线常常出现在下跌过程当中而不是跌势的尽头，因此要指望股价短期转入牛市，却是一种不切实际的奢望。

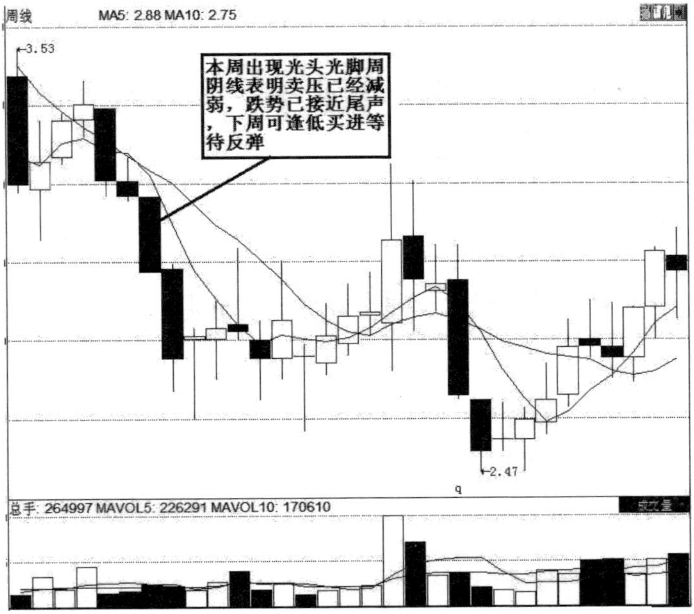

图6-17　光头光脚周阴线形态图解

根据以上分析，投资者应按如下策略操作：

（1）下周股价将会反弹，全周走势将会表现为先抑后扬的行情。因此，持股者不必在下周初匆忙低卖，在下周后半周可能会有更高的价位。而空仓者可以在下周前半段找低位买入，期待做一个短线的反弹。

（2）此线出现之后，若下周收出阳线，再下周收阴的概率较大，因此，再下周初段是高位卖出的机会。

在周K线中，无论周阴线还是周阳线一旦上升达到五周，不论你赢多赢少最好是卖出了结，因为周线往往以升幅大小来衡量，以上升时间来衡量，如果不掌握这一规律，那么就有可能由盈到亏。

第十节　短上影光脚周阴线

短上影光脚周阴线是指开盘价明显高于收盘价但又略低于最高价、收盘价就是最低价的周K线。其中心值位于阴线实体之中。如下图所示。

这种周阴线在实际走势中出现次数不多，但是它一旦出现，杀伤力却不小，顺势卖出是最明智的选择。投资者可采取的操作方法为：

（1）如果它前面是一根阳线，短上影光脚周阴线就成了股价走势逆转的标志，此后至少再出一根周阴线，下周开盘应该果断卖出。

（2）如果它的前面是一根阴线，而本周的线体与上周大致相仿的话，说明股价完成了一个微弱的反弹，股价仍将继续下调，下周初卖出仍然是明智的选择。

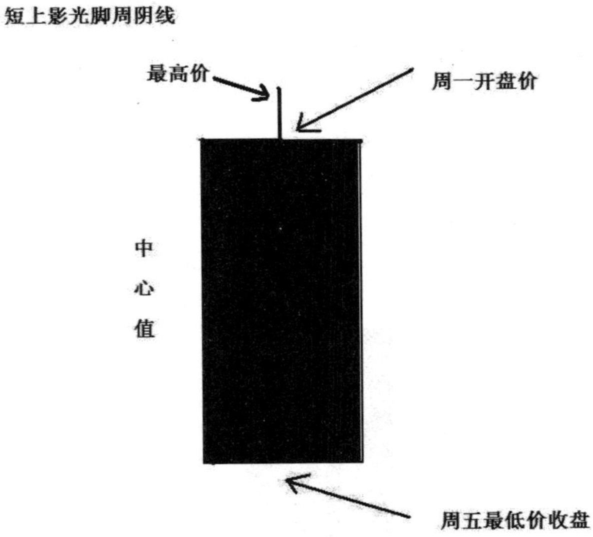

图6-18　短上影光脚周阴线示意图

（3）如果它的前面已经有两根或者两根以上持续的周阴线，而本周的线体又明显较短小的话，说明卖压已经明显减弱，股价有可能转向低位整理。这时，下跌的空间已经有限，持股者卖出意义已经不大，而空仓者则可以在下周选择低位部分建仓。

第十一节　短下影光头周阴线

短下影光头周阴线是指开盘价明显高于收盘价而且等于最高价、收盘价高于最低价的周K线。其中心值位于阴线实体之中。如下图所示。

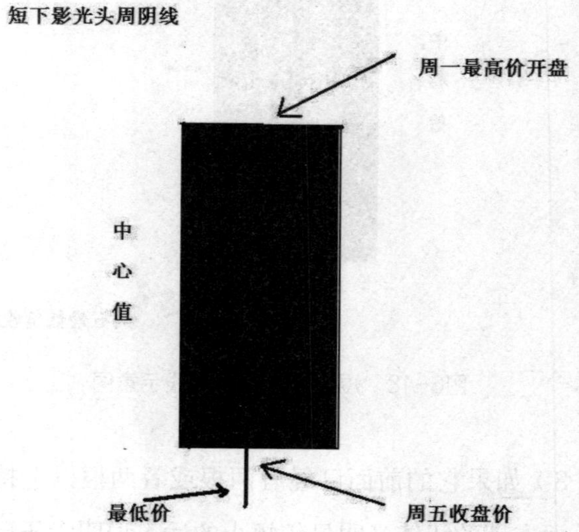

图6−19　短下影光头周阴线示意图

这种周阴线是较常见的周K线之一，因此，出现此线后，需要认真观察股价走势的变化，操作上要谨慎小心。

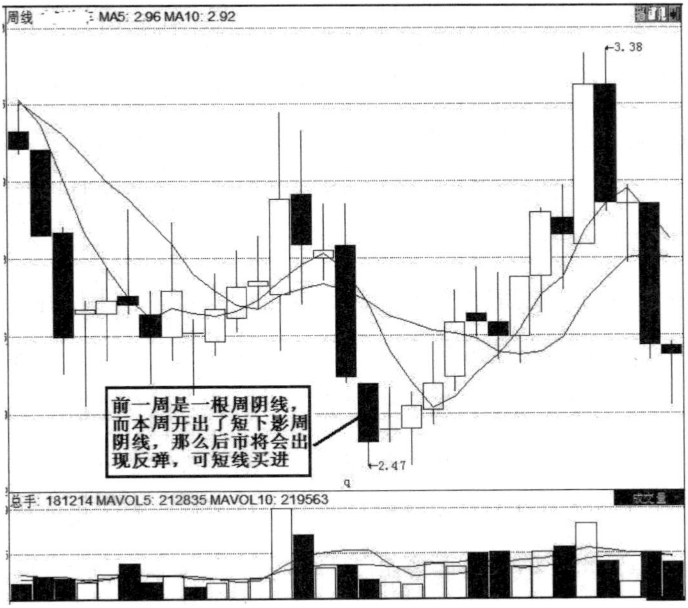

图6-20　短下影光头周阴线图解

建议出现短下影光头周阴线后，投资者应采取如下操作策略：

（1）如果短下影光头周阴线紧跟在两根或者两根以上的周阴线后面，那么低位已经出现了主动性买盘，它有可能预示着跌势的结束和升势的开端。在最悲观的情况下，它也意味着至少会有一个反弹出现。因此，在下周初应该采取买入行动，低位建仓待涨。

（2）如果它前面是一根周阳线，那么意味着股价将进行中短期调整，将会连拉两根或者三根周阴线。操作上，应该在下周初果断卖出，并且在下周或者再下周寻找低位买回，因为股价经过两三周调整重新升回来的机会较大。

（3）如果它前面只有一根周阴线，在这根周阴线之前是根周阳线的话，那么，下周初的走势就成另外研判的关键：如果下周初股价上升，那么很可能只是一个小反弹，股价继续下跌的可能性较大，当反弹结束掉头下行时，是短线追卖的关键时刻；如果下周初股价下跌或者低位整理，那么就意味着真正有主力建仓行为，此时应该部分买入，待到升势明朗时再加码买入，同时，此时卖出的话，有可能是卖了一个最低价，因此要谨慎杀跌。

第十二节　上下影周阴线

上下影周阴线是指开盘价明显高于收盘价但低于最高价、收盘价高于最低价的周K线。其中心值位于阴线实体中心区域。如下图所示。

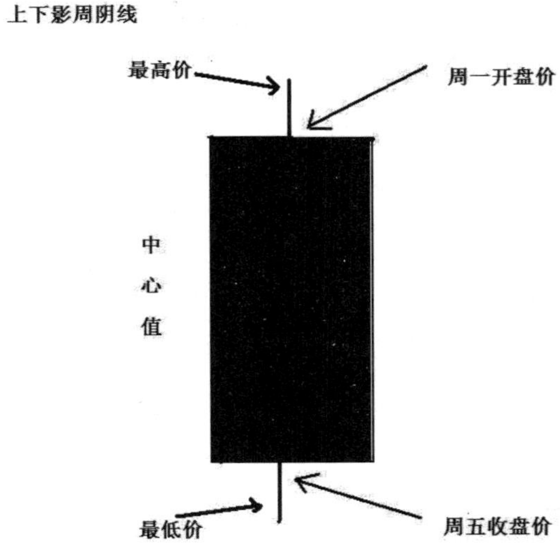

图6-21　上下影周阴线示意图

这种周阴线出现的频率较高，但是比较经常出的位置是走势由上升转向下跌的转折点，或者是跌势将到尽头的前一周，因此，这种周阴线有预警的意味。相同的K线，处于不同的位置就会预测出不同的走势，主要是因为它的下影线在不同位置上虚实不同：当股价从高位回落时，形成它下影线的买盘较虚，当中不乏尾市拉高以便下周继续卖出的护价盘。而当股价持续下跌之后，形成它下影线的买盘较实，当中大多是低位建仓盘。

那么，上下影周阴线应该怎样操作呢？

（1）在股价经过反复上升之后出现此线，是走势由上升转向下跌的标志，属于强烈的卖出信号，其后必出现一轮跌势。因此下周应果断卖出，并且暂时离场观望。

（2）如果它前面是一根不小的周阴线，本周出现这种阴线说明下周仍将收出周阴线，但是下周达到或者即将达到底部，股价跌势将尽，升势在望。在操作上，空仓者应该在下周寻找低位部分建仓，再下周止跌回升时继续加码买入。持股者在下周的高位短线卖出，但是仍然应该在下周低位重新买入，以防踏空。而中长线持股者既然不能在本周较高的价位卖出，下周卖出的意思已经不大。

（3）如果它前面是一根下影光头阴线，本周的上下影阴线最高价、最低价均未能超过上周的范围的话，那它意味着股价已经探底回稳，是一个强烈的买入信号，下周股价将会掉头上升。因此，下周开盘应该果断满仓杀入，而且之后应该以持股为主，再下周走势转弱才考虑卖出较为稳妥，因为可以期待此后将走出一波较有力度的上升行情。

第十三节　长上影光脚周阴线

长上影光脚周阴线是指开盘价高于收盘价但远远低于最

高价、收盘价等于最低价的周K线。其中心值位于上影线区间。如下图所示。

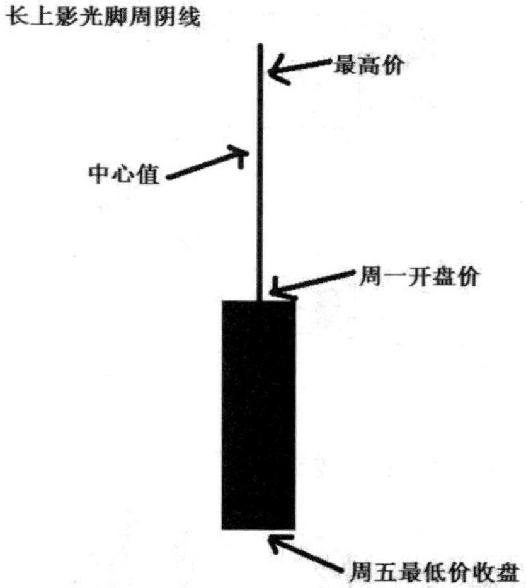

图6-22　长上影光脚周阴线示意图

在日线图中，这种K线是一种强烈的卖出信号，表面上看，卖方已经完全掌握了主动权，买方已经完全丧失了反击的能力。但是在周K线图中，这种K线出现的意义，与日线图有很大的不同，它只反映了买方推高受阻的走势，虽然在某些情况下不排除买方力量转弱的可能，但是在更多的情况下，它暗示买方正在试探卖方的实力，不动声色地组织一轮上升攻势。

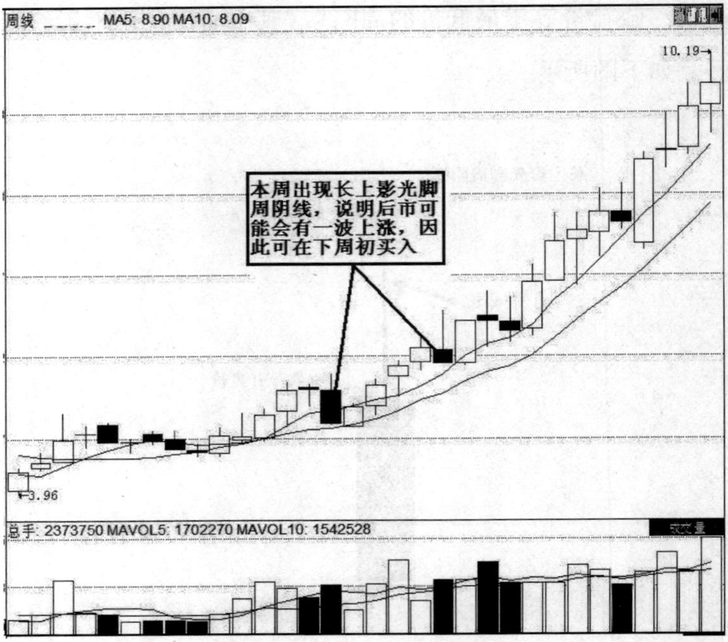

图6-23　长上影光脚周阴线图解

鉴于以上分析，投资者可采取以下方法操作该股：

（1）如果此线的整个线体与上周相比不短的话，那么，不管它前面是一根阳线还是一根阴线，它都是一个对称性整理的信号，紧跟着而来的必然是一根带有长下影线的周阴线。在操作上，总体来说宜静不宜动，因为在这种情况下容易出现“做得多、错得多”的毛病。而较为进取的空仓者，用小量资金在下周低位作个短线也未尝不可，但是期望值不宜过高。

（2）如果它前面是一根周阳线或者是十字星，又或者本周的线体十分短小，那么，下周拉出阳线的概率相当高。凡是符合这三种情况中的一种，下周初都可以趁低买入待涨。而被套者则不必在下周初斩仓。

第十四节 长下影光头周阴线

长下影光头周阴线是指收盘价低于开盘价而又明显高于最低价、开盘价等于最高价的周K线。其中心值位于下影线区间。如下图所示。

这种周K线与短下影光头周阴线只有下影线长短不一的区别，它说明全周买卖双方争夺的区域内，买方已经控制了大部分的地盘。明眼人可以看出，买方的力量已经显著增强，在阴线外衣的掩护下，一场多头攻势正在酝酿之中。事实上，沪深两市中级以上的上升行情，大多是由这种周阴线作为起点的。因此可以说，长下影光头周阴线是股价由下跌转向上升的攻防转换点，如果当时的股价已经经过了一段调整，那它就是一个强烈的买入信号。

投资者可采取如下方法操作：

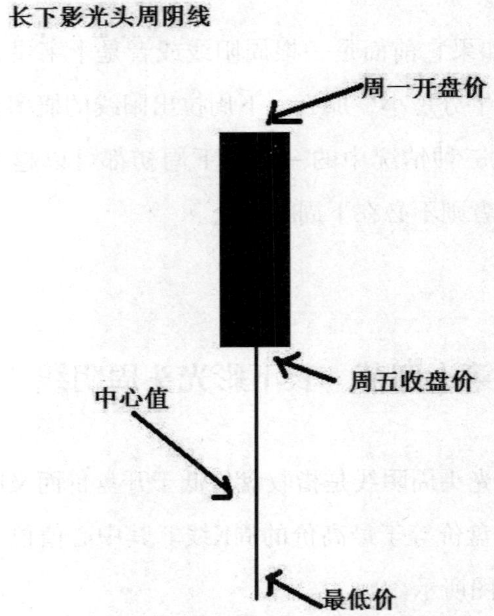

图6-24　长下影光头周阴线示意图

在大多数情况下，长下影光头周阴线预示着跌势的结束和一轮上升行情的展开，因此，下周初段买入获利的概率很大；而且下周买入后如果股价果然上升的话，中线持股将比短线操作获利更大。如果下周股价并没有上升，同时也没有明显的下跌，而是在本周价格范围内波动，那说明正在进行充分的筑底，再下周仍然会展开上升行情，操作上仍然坚持建仓持股不改变。

长下影光头周阴线偶尔出现在下跌过程中，若下周跌穿本周最低价而创出新低的话，将会连续拉出2～3根周阴线。在操作上，若已经在本周低位或者下周初建仓的投资者，万一下周跌破本周最低价，应该果断地斩仓止损。但是，这种情况出现的很少。

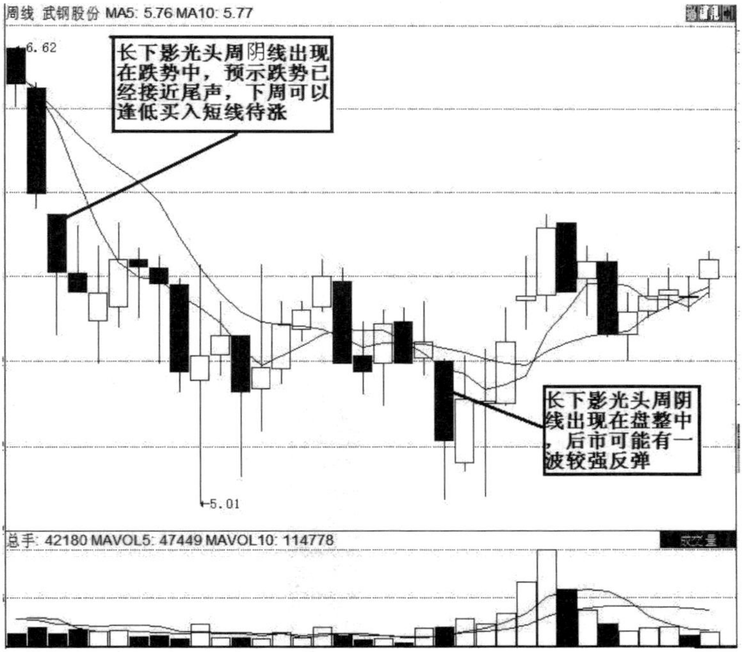

图6-25　长下影光头周阴线图解

第十五节　长上影短下影周阴线

长上影短下影周阴线是指开盘价远远低于最高价但高于收盘价、收盘价又高于最低价的周K线。其中心值位于上影线区间或者开盘价附近。如下图所示。

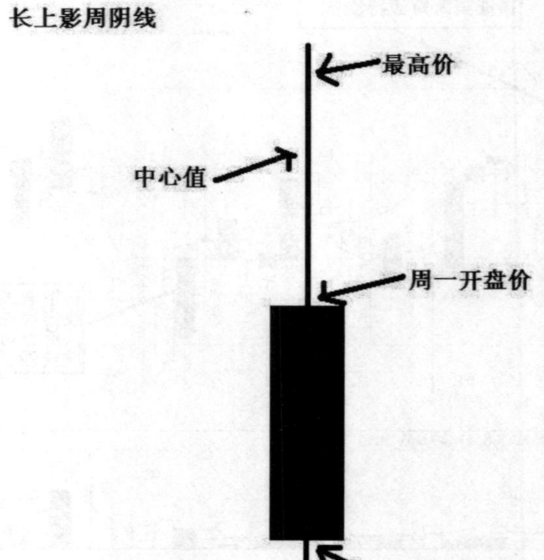

图6-26　长上影短下影周阴线示意图

这种周阴线反映了两种类型的行情：其一，在上升行情中，它表现为冲高受阻行情，反映了买盘力量渐弱而卖盘力量渐强，买卖双方力量对比发生重大变化，价格走向发生逆转的可能性较大。其二，在经过下跌的低价区内，它反映了整理寻求突破的行情，本周买方上攻行动虽然暂时受挫，但说明买方正在试探上档卖方阵营的虚实，买方力量正在壮大，不排除进一步采取行动的可能。

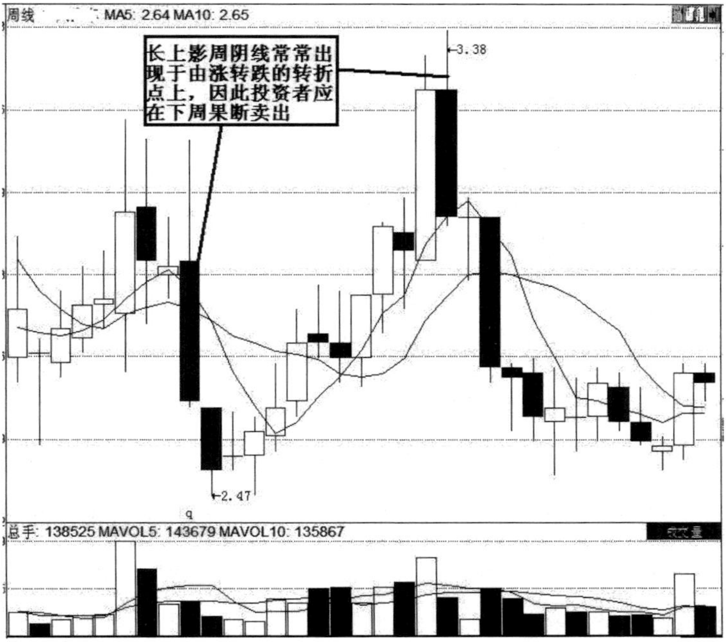

图6-27　长上影短下影周阴线图解

以上述分析可以看出，长上影周阴线经常出现在由上升转向下跌、或由下跌转向上升的转折点上，分别扮演着卖出信号或买入信号的角色，因此对它的出现不可等闲视之。

如上证指数在1993年8~12月间，频频在周阳线之后拉出长上影周阴线，其后都出现了一波跌势。

出现长上影周阴线后，对后市的预测和操作策略为：

（1）如果上周是一根周阳线，而且本周的最高价高于上周的话，那么长上影周阴线的出现，是股价由上升趋势转为下跌的标志，至少有一波中期的调整。因此在操作上应该尽早果断卖出。

（2）如果在线体较长的长上影周阴线后面出现的不是阴线，而是一根相对较短的周阳线的话，那么它预示着更大的一轮跌势在这根阳线之后发生，因此，坚持卖出的方针不能动摇。

（3）如果本周的阴线线体不大，而且出现在两根以上的周阴线后面的话，那么下周（最迟在再下周）股价将由下跌转向上升。在操作上，下周应该选择低位部分建仓，待到升势明朗之后再加码买入。如果万一下周仍然收阴线，部分仓位被套牢也不应该斩仓，而是再下周坚持加码买入，摊低成本，等待上涨。

第十六节　长下影短上影周阴线

长下影短上影周阴线是指开盘价低于最高价但是高于收盘价、收盘价明显高于最低价的周K线。其中心值位于下影线区间或收盘价附近。如下图所示。

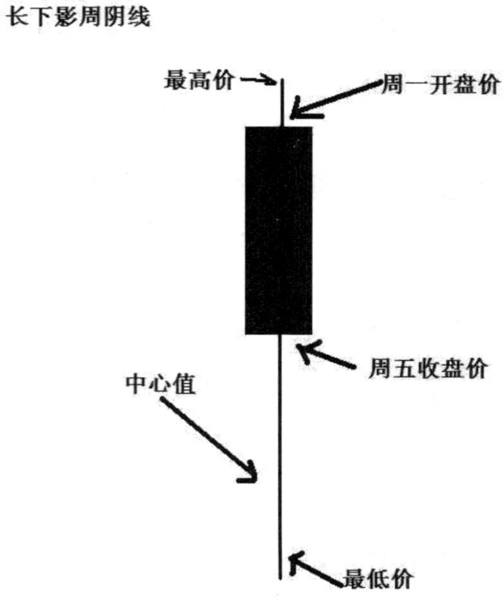

图6-28　长下影短上影周阴线示意图

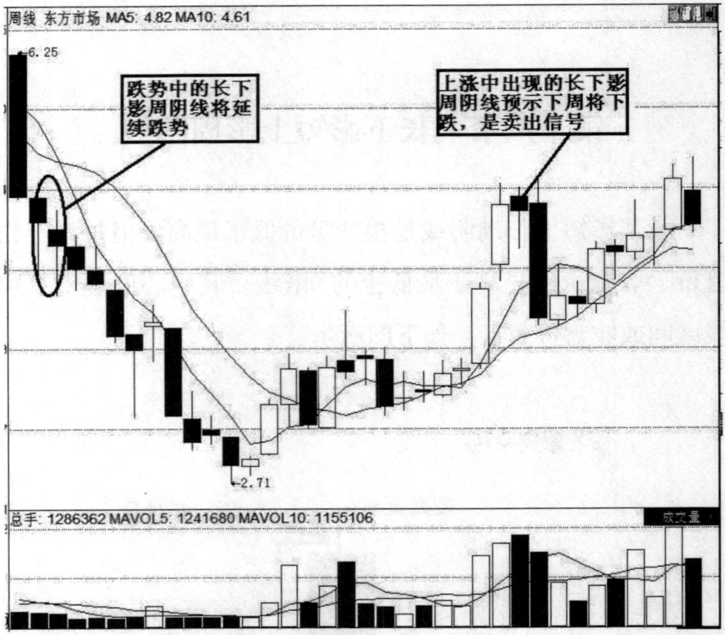

图6-29 长下影周阴线图解

这是一种经常出现的周K线。从收盘价的位置来看，好像买方的力量并不弱，因为下影线已经长于阴线实体，因此，在日线图中，这种K线是走势由弱势转强的迹象；但是，在周线图中却正好相反，它往往出现在走势由强转弱的关口，其长长的下影线不过是抵抗下跌的形态而已，在很大程度上，它还露出了买方拉高出货的痕迹。

在大多数情况下，长下影周阴线都预示着跌势的展开或延续，因而可视之为明显的卖出信号，下周开盘应该是追卖的时机。

在实战中操作长下影周阴线时应注意，在高位出现的长下影周阴线，是非常突出的见顶信号，一定要保持高度警惕，该图线出现后，股价至少要下跌10%以上，应果断卖出。

第七章

K 线形态分析与实战

第一节　三重顶形态

三重顶又称为三尊头。它是以三个相约之高位而形成的转势图表形态，通常出现在上升市况中。典型三重顶，通常出现在一个较短的时期内及穿破颈线而形成。

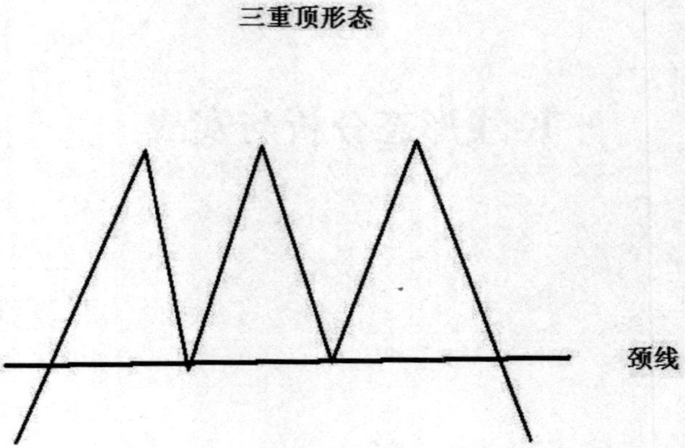

图7-1　三重顶形态示意图

三重顶形态是头肩形态的一种小小的变体，它是由三个一样高的顶组成。为了帮助投资者更好地辨认三重顶形态，现将其形态特征总结如下：

1. 三重顶之顶峰与顶峰的间隔距离与时间不必相等，同时三重顶之底部不一定要在相同的价格形成。

2. 三个顶点价格不必相等，大至相差3%以内就可以了。

3. 三重顶的第三个顶，成交量非常小时，即显示出下跌的征兆。

4. 从理论上讲，三重顶最小涨幅或跌幅，顶部愈宽，力量愈强。

在三重顶的要素中，最关键的是最低点的形成，投资者通常以它作为主要支持线，当价格出现双顶后回落至接近颈线（支持位），然后再次反弹至原先双顶的位置，并遭遇阻力后回落。若价格跌破颈线，便会大幅滑落，三重顶图形已被确认（见图7-2）。

上图例显示，当价格上升到C点，交易徘徊在这区域数个交易日后，仍未成功穿破A点与B点之阻力位。因没有需要之情况下，价格开始回落，而且跌破三重顶图形的支持位，确认了下跌趋势图形。随后再升回此价位，尝试穿破这图形形成的阻力位（前市的支持位）。

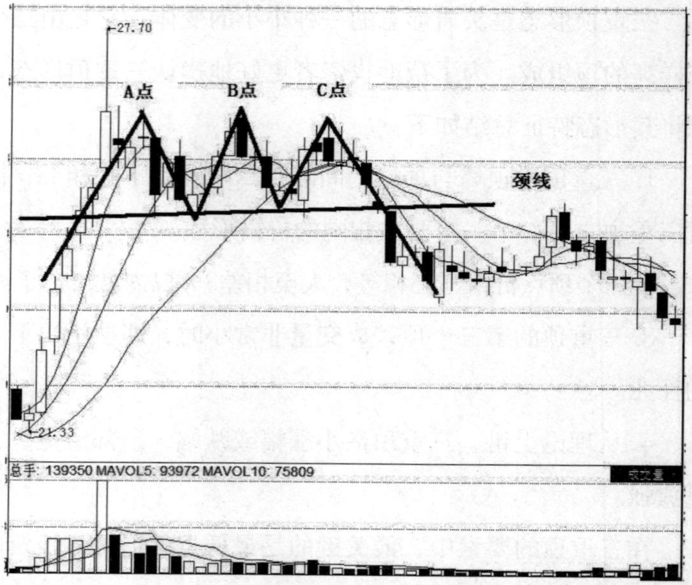

图7-2 三重顶形态图解

在这里要提醒投资者注意两个问题：

1. 三重顶（底）形态结合MACD和均线一起运用，更能提高实战中投资的准确性和安全性。

2. 它可以在顶部或底部的震荡中做些短线，入、出场时机可参考支撑与阻力，即震荡区间中的明显高位或低位。

第二节　三重底形态

三重底是三重顶形态的倒影，在跌市中以三点相约之低点而形成。在价格向上摆动时，发出重大转向讯号。

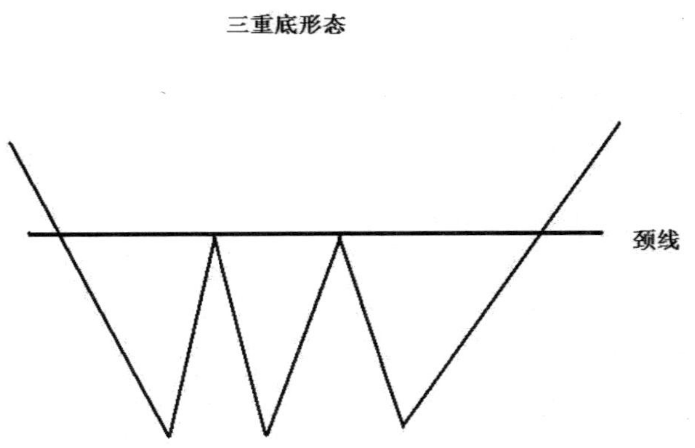

图7-3　三重底形态示意图

投资者必须明确这一点：三重底不是依据有三个低点就能形成的，三针探底的形态只能表示股价的走势图形具有三重底的雏形，未来发展极有可能向三重底演化，至于最终是否能构筑成三重底，并形成一轮上升行情，还需要进一步的检验。

1. 三重底形态的三次低点时间，通常至少要保持在

10～15个交易日以上，如果时间间隔过小，往往说明行情只是处于震荡整理中，底部形态的构筑基础不牢固，即使形成了三重底，由于其形态过小，后市上攻力度也会有限。而近期的三重底的第一和第二低点之间间隔9天，第二和第三低点之间间隔11天，只是勉强符合标准。

2. 三重底的三次上攻行情中，成交量要呈现出逐次放大的势态，否则极有可能反弹失败。如果大盘在构筑前面的双底形态时，在期间的两次上升行情中，成交量始终不能有效放大的话，将极有可能导致三重底形态的构筑失败。

3. 在三重底的最后一次的上攻行情中，如果没有增量资金积极介入的放量，仍然会功败垂成。所以，三重底的最后一次上涨必须轻松向上穿越颈线位时才能最终确认。股价必须带量突破颈线位，才能有望展开新一轮升势。

例如：大连控股（600747）（见图7-4）分别在2003年的3月27日、4月9日、4月29日三天形成了三次探底过程。该股的三次探底动作，在相互之间的时间跨度大致相等，而且三次探底的低点位置也比较接近，分别是6.23元、6.19元、6.25元，高低仅有0.06元的差距，完全符合三重底的基本技术要求。5月中旬，大连控股放量突破三重底的颈线位置。此后，该股逆势强劲上涨，在股指下跌100多点的期间，该股竟然上涨了30%多。

图7-4 大连控股三重底形态图解

三重底的最佳买入时机是：

1. 在股价有突破颈线位的确定性趋势并且有成交量伴随时是激进型投资者买入时机。

2. 在股价已经成功突破颈线位时是成熟型投资者买入时机。

3. 在股价已经有效突破颈线位后的回档确认时是稳健型投资者买入时机。

第三节　头肩顶形态

头肩顶是最出名、最可靠的走势反转形态之一。主要由三个波峰组成：第一个波峰是上升趋势的延伸，市场走势仍然强劲（左肩），头部一般有一个或两个波峰组成，上升趋势开始放缓，但波峰仍比上一波峰高。价格回落至上一波谷附近或更低水平，然后展开新一波的上升，但动量不足，通常只能回升与左肩相约高度的位置便掉头回落，形成右肩。当价格跌穿前两个波谷连线的延伸（颈线）时，“头肩顶”形态正式确立，说明大势已经反转。

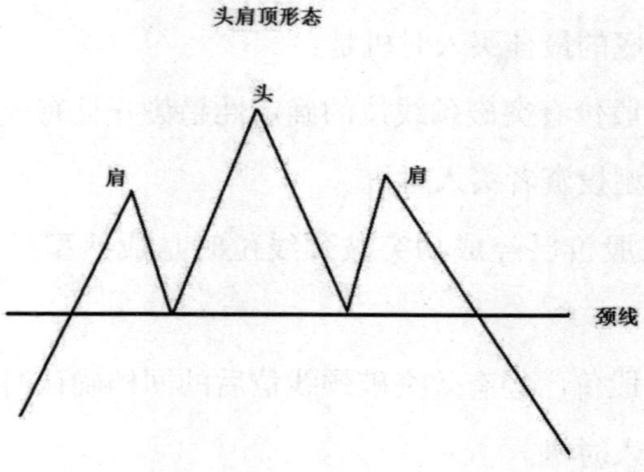

图7–5　头肩顶形态示意图

从上图我们可以清楚地知道，头肩顶反转形态是由一个左肩，一个右肩，一个头部和一根颈线所构成的。在该形态中扮演重要角色的还有成交量、突破、目标价以及支撑转化阻力等概念。

头肩顶的构造及应用：

1. 先前的趋势：对于头肩顶形态来说，此前应有一个上升趋势的存在，如果此前没有上升趋势，那么就不存在反转的说法，形态不成立。

2. 先前趋势的趋势线：左肩回落的低点一般仍能保持在此前上升趋势线的上方，没有破坏趋势。而头部形成后的下跌要跌破先前趋势的上升趋势线。

3. 颈线：两个折返点的低位所连结而成的线称为颈线，颈线为重要趋势线。在上升趋势中，一旦价格跌破颈线，或在下降趋势中，价格突破颈线，则为趋势反转讯号。

4. 成交量：理想情况下（不一定必须这样），左肩上升时的成交量高于头部上升时的成交量。这个股票价格创新高而成交量萎缩的现象给出了一个警告信号。另外一个警告信号是从头部的下跌会出现放量，如果右肩下跌时的成交量继续放大，那么可以作为一个确认信号。

5. 对称：如果左肩和右肩能保持对称则更好，但这不是必须的要求。左肩和右肩在高度和宽度上都可以不同。

6. 回抽：颈线被突破后经常发生回抽，但是有时候根本就不会发生回抽。

7. 目标价：一旦颈线被突破，则目标跌幅将是头部与颈线之间的距离。

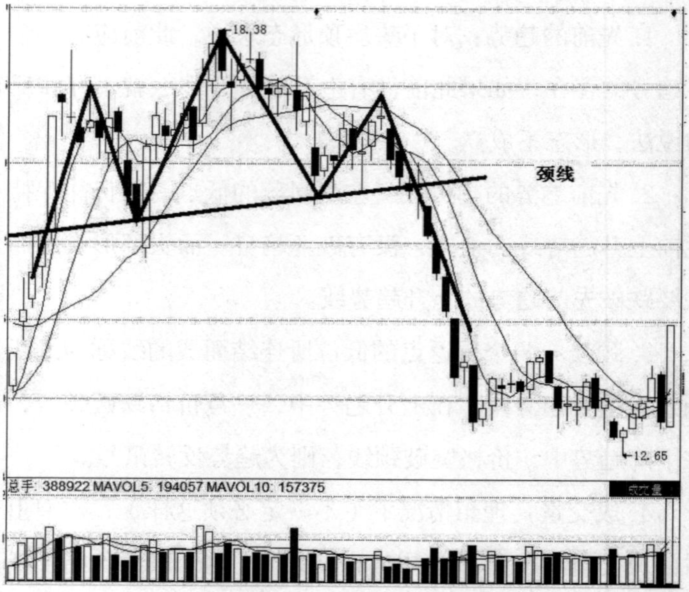

图7-6 头肩顶形态图解

此外，实战中头肩顶形态操作上还要注意的事项：

①头肩顶形态完成后，向下跌破颈线时，成交量不一定扩大，但日后继续下跌时，成交量会扩大。

②一旦头肩顶形态完成，就应该相信图上所表示的意义。

③若头肩顶形态确定，从图上头部的顶端画一条垂直线到颈线，然后再从右肩完成后突破颈线的那一点开始向下量出同样的长度，则这段价格距离是股价将要下跌的最低程度。也就是说，至少股价要跌完所测量之差价方有再反转上升的可能。

第四节　头肩底形态

头肩底顾名思义，图形以左肩、头、右肩及颈线组成。三个连续的谷底以中谷底（头）最深，第一及最后谷底（分别为左、右肩）较浅及接近对称，因而形成头肩底形态。头肩底形态跟随下跌市势而行，并发出市况逆转的讯号。当价格一旦升穿阻力线（颈线），则出现较大幅上升。

头肩底形态的判别特征是：

1. 急速的下跌，随后止跌反弹，形成第一个波谷，这就是通常说的“左肩”。形成左肩部分时，成交量在下跌过程中出现放大迹象，而在左肩最低点回升时则有减少的倾向。

2. 第一次反弹受阻，股价再次下跌，并跌破了前一低点，之后股价再次止跌反弹形成了第二个波谷，这就是通常说的“头部”。形成头部时，成交量会有所增加。

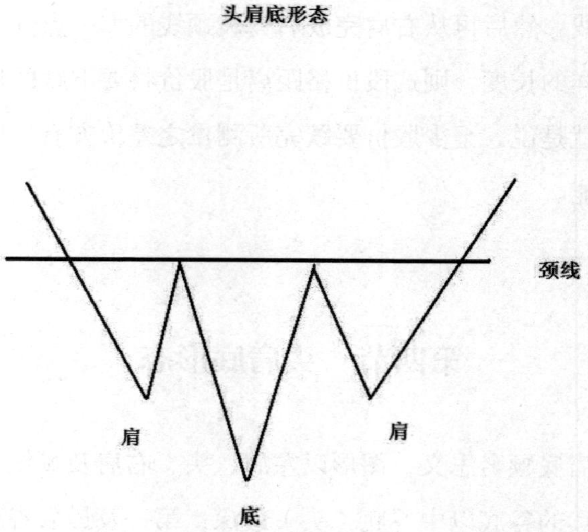

图7-7 头肩底形态示意图

3. 第二次反弹再次在第一次反弹高点处受阻，股价又开始第三次下跌，但股价跌至第一个波谷相近的位置后就不下去了， 成交量出现极度萎缩，此后股价再次反弹形成了第三个波谷。这就是通常说的“右肩”。第三次反弹时，成交量显著增加。

4. 第一次反弹高点和第二次反弹高点，用直线连起来就是一根阻碍股价上涨的颈线，但当第三次反弹时会在成交量配合下，将这根颈线冲破，使股价站在其上方。投资者见到头肩底这个图形，应该想到这是个底部回升的信号，此时不能再继续看空，而要随时做好进场抢筹的准备。

一旦股价放量冲破颈线时就可考虑买进一些股票。这通常称为第一买点。如果股价冲破颈线回抽，并在颈线位附近止跌回升再度上扬时可加码买进，这通常称为第二买点。值得注意的是，若是股价向上突破颈线时成交量并无显著增加，很可能是一个“假突破”，这时投资者应逢高卖出，考虑暂时退出观望。

图7-8 头肩底形态图解

当头肩底颈线突破时，就是一个真正的买入信号，虽然股价和最低点比较，已上升一段幅度，但升势只是刚刚开始，尚未买入的投资者应该继续追入。其最少升幅的量度方法是从头部的最低点画一条垂直线相交于颈线，然后在右肩突破颈线的一点开始，向上量度出同样的高度，所量出的价格就是该股将会上升的最小幅度。另外，当颈线阻力突破时，必须要有成交量激增的配合，否则这可能是一个假突破。不过，如果在突破后成交逐渐增加，形态也可确认。

第五节　M头与W底

一只股票上升到某一价格水平时，出现大成交量，股价随之下跌，成交量减少。接着股价又升至与前一个价格几乎相等之顶点，成交量再随之增加却不能达到上一个高峰的成交量，再第二次下跌，股价的移动轨迹就像M字。这就是双重顶，又称M头走势。

一只股票持续下跌到某一平底后出现技术性反弹，但回升幅度不大，时间亦不长，股价又再下跌，当跌至上次低点时却获得支持，再一次回升，这次回升时成交量要大于前次反弹时成交量。股价在这段时间的移动轨迹就像W字，这就双重底，又称W走势。

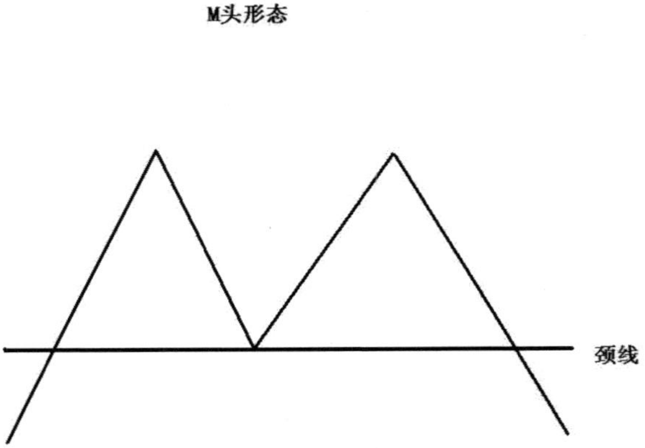

图7-9　M头形态示意图

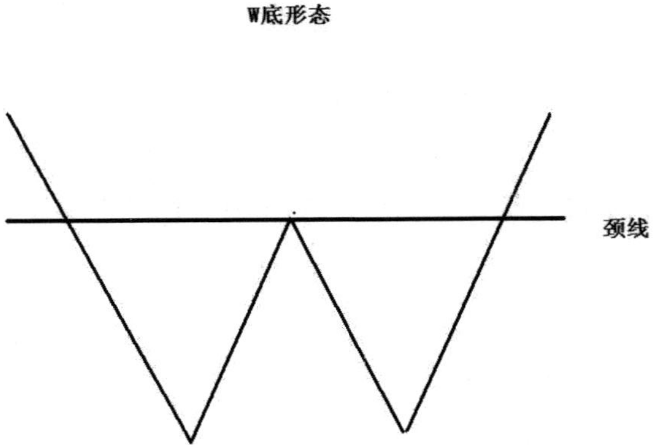

图7-10　W底形态示意图

投资者要牢记的一点是，无论是“双重顶”还是“双重底”，都必须突破颈线（双头的颈线是第一次从高峰回落的最低点；双底之颈线就是第一次从低点反弹之最高点），形态才算完成。

首先，我们来分析一下双重顶的形态特点（见图7-11）：

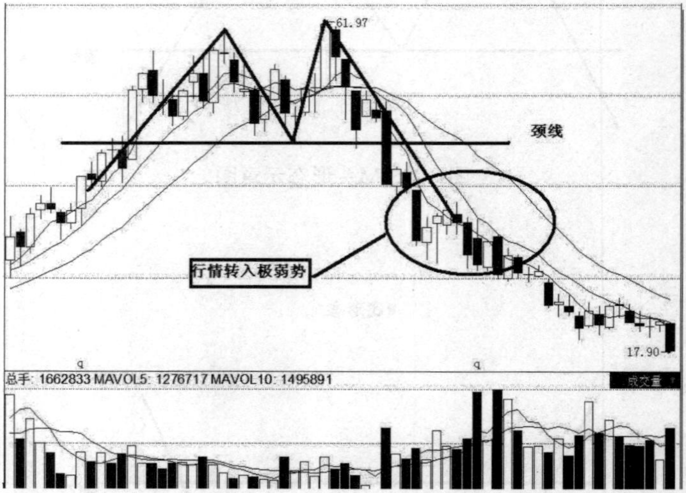

图7-11　M头形态图解

1. M头双顶特征：

①双顶是当某一股票急速上升至某价格水准时，必会回跌，而在峰顶处留下大成交量，然后成交量随股价下跌而

萎缩，然后再度上升时，股价又回至前一峰顶附近（价位相同、低于或高于），成交量再度增加，却不再出现先前在第一峰所留下之成交量水准，上升阻力产生，随后造成第二次下跌，突破颈线后，形成原始下跌趋势或中级下跌趋势，而向下突破颈线时，成交量亦不一定扩大，日后继续下跌时，成交量会扩大。

②颈线之所在，是画一条平行线通过双峰间之低点。双重顶完后突破颈线，从图形可看出，类似英文字母M。

2. W双底特征：

①双底只是将双顶倒转过来，形成W字母状，也就是下跌趋势结束前出现反弹，然后再度下跌，跌势趋于缓和，在前次低价附近止住，开始向上涨升。

②突破颈线时出现大成交量，也就是双重底从第二个底部上升时的成交量会高于第一底部上升时的数量，双重底得以确认。

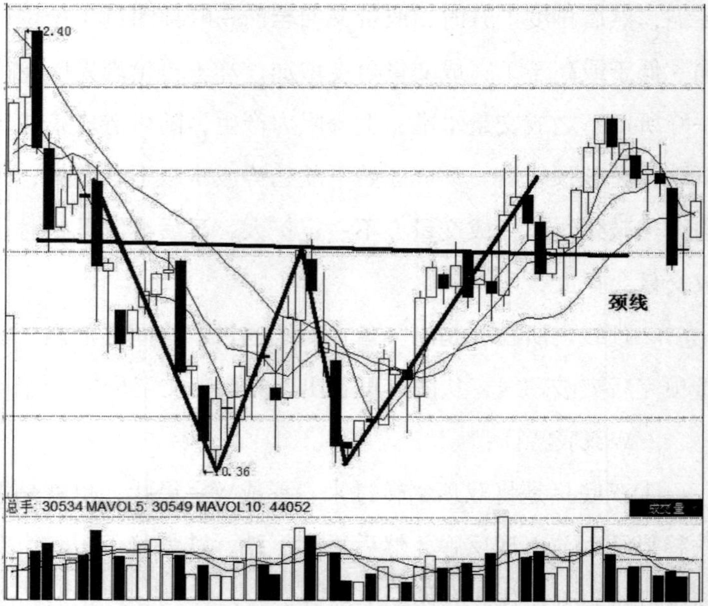

图7-12 W底形态图解

第六节 圆弧顶形态

圆弧顶是指股价或股指呈现出圆顶走势，当股价到达高点之后涨势趋缓，随后逐渐下滑，是见顶图形，预示后市即将下跌。

从形态上来看，在到达圆弧顶的顶点之前，股价呈弧形上升，虽不断创出新高，但涨不了多少就回落，只是比前一个高点稍高而已，随后涨升到顶点附近时卖压加大，高点走平，出现盘局，最后是每波回升点都略低于前点，把这些短期高点连接起来，就形成了圆弧顶，在成交量方面是逐级减少，表明追涨乏力，当突破颈线时，技术派会止损出局，成交量会稍有放大，个股出现圆弧顶，则要警惕庄家水煮青蛙式的出货。

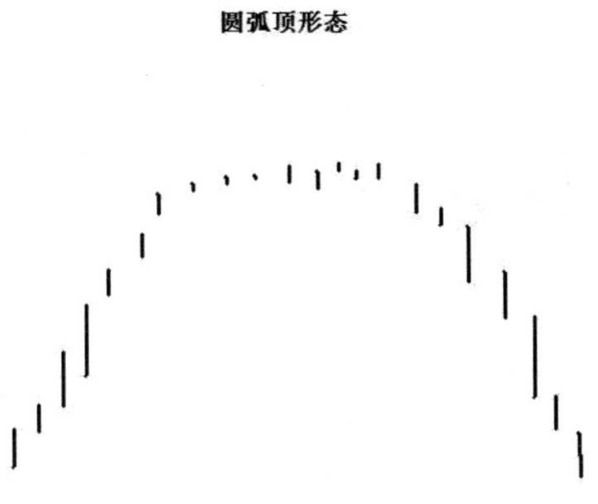

图7-13 圆弧顶形态图解

在实战操作中，投资者应注意以下要点：

1. 圆弧顶突破后的最小跌幅一般是圆弧颈线到圆弧顶最高点之间的垂直距离。

2. 圆弧顶的理论下跌目标位很难确定，一般只有通过支撑位，百分比，黄金分割等方法来预测。

3. 成交量没有固定特征，一般呈逐级递减，在开始股价上升时成交量增加，在升至顶部时显著减少，在股价下滑时，成交量又开始稍放大，有时也出现巨大而不规则的成交量，有时也会呈圆顶形状或v形。

4. 圆弧顶多出现于绩优股中，由于持股者心态稳定，多空双方力量很难出现急剧变化，主力在高位慢慢派发，k线易形成圆弧顶。

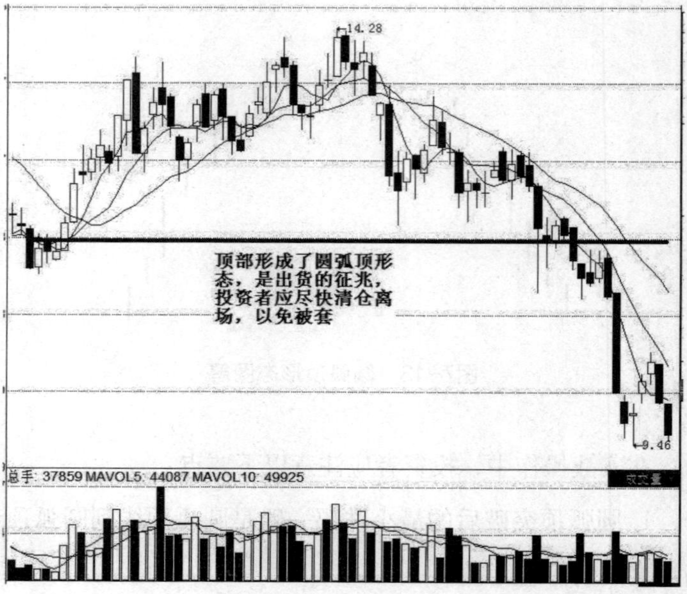

图7-14　圆弧顶形态图解

圆弧顶形态一般在沪市中出现较多，一旦出现这种形态，投资者就可以按照以下操作策略操作：

1. 由于圆弧顶形态耗时较长，没有像其他图形有着明显的卖出点，但其有足够的时间让投资者依照趋势线，重要均线系统及其他指标在形成之前及早退出。

2. 圆弧顶最小跌幅为圆弧顶至颈线的垂直距离，在跌破颈线3%，向下突破确立后，可采取卖出策略。

3. 在圆弧顶末期，股价跌到一定程度时，会引起持股者恐慌，会使跌幅加剧，常出现跳空缺口或大阴线，此时是一个强烈的出货信号，应果断离场，

4. 圆弧顶成交量多呈现不规则状，一旦圆顶右侧量小于左侧量甚为明显时，圆弧顶形成的概率就高。随时关注，当感觉有风险时，可考虑提前卖出。

第七节　圆弧底形态

圆弧底是指呈圆弧状的一种不太常见的底部反转形态，又称为“蝶形”、“圆形”、“碗形”等。圆弧底形态属于一种盘整形态，多出现在价格底部区域，是极弱势行情的典型特征。

单纯从形态上来分析，圆弧底股价呈弧形上升，价格变动简单且连续，先是缓缓下滑，虽不断创出新低，但跌不了多少就弹升，比前一个低点稍低，随后在回落到弧底附近时，多空平衡，低点走平，出现盘局，最后是每波回落点都略高于前点，把这些短期低点连接起来，就形成了圆弧底。

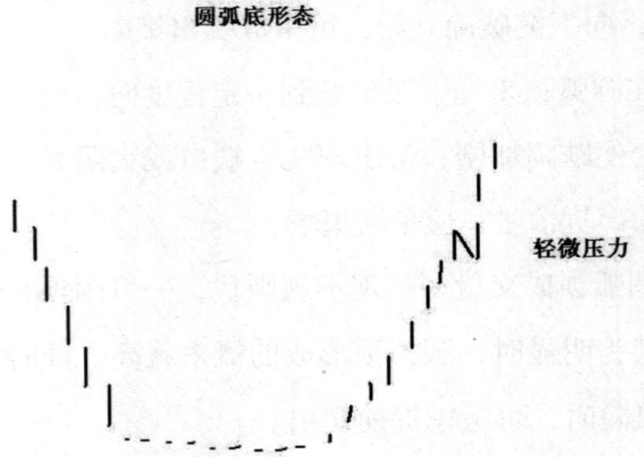

图7-15　圆弧底形态图解

在此期间，成交量变化与股价同步，先是逐渐减少，随后伴随股价回升，成交量渐次增加，也呈圆弧状，由于圆弧底形成耗时较长，多空换手充分，所以当带量突破颈线位，形成向上有效突破后，股价迅速上扬，涨升迅猛，往往很少回档整理（见图7-16）。

了解了圆弧底的市场含义后，投资者还应进一步掌握其操作要点：

1. 有时当圆弧底部形成后，股价并不随即上涨，而是先走出一个来回窄幅拉锯的平台，也称进货平台，此处买进较佳。

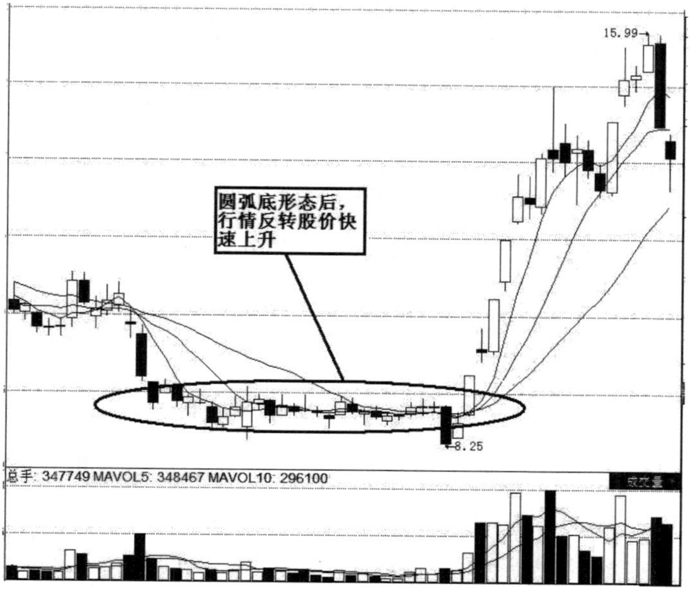

图7-16　圆弧底形态图解

2. 在圆弧底形成中，由于多空双方皆不愿意积极参与，成交量极小，价格显得异常沉闷，这段时间显得很漫长，所以不要过早介入，可选择在突破颈线时买入

3. 圆弧底形态通常是机构庄家吸货区域，由于其炒作周期长，故在完成圆弧底形态后，其涨升的幅度也是很大的，投资者如在圆弧底形态内买进，则要注意在启动前的震仓洗盘。

4. 圆弧底的最终上涨高度往往是弧底最低点到颈线距离的3至4倍，但是圆弧底如果距离前期的成交密集区太近，尽管底部形成的时间足够长了，后市上涨高度也有限，因为原有的股票持有者没有经历一个极度绝望的过程，导致底部的换手率不高，限制了未来的涨升空间

5. 圆弧底常见于低价股中，呈现一种平底延伸状，通常需要数月才能完成。在圆弧底形成期间，有时还常伴随蝶形底。

6. 在所有的底部技术形态中，圆弧底形成的概率较低，这是因为形成圆弧底的条件严格，首先它要求股价处于低价区，其次低价区的平均价格应该至少低于最高价的50%以上，距离前期成交密集区要尽可能的远。最后在形成圆弧底之前，股价应该是处于连续下跌状态。

攀钢钢钒（000629）（见图7-17）2006年5月至2008年1月的攀钢钢钒周线走势图如下：这是在上涨一浪后，股价经过32周的时间形成圆弧底，同时成交量配合良好，在突破颈线后，迎来了一波超级上涨行情。

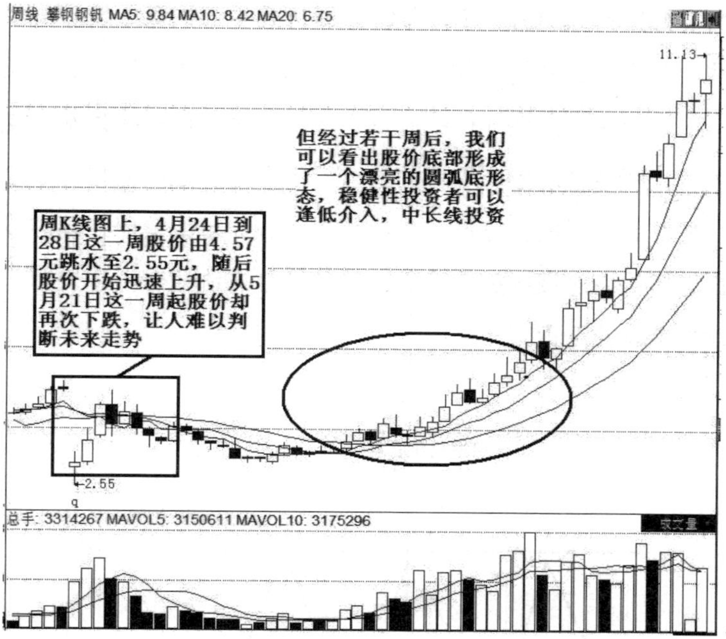

图7-17　攀钢钢钒圆弧底形态买入图解

第八节　箱形整理形态

箱形整理也叫长方形或矩形整理形态。就是股价上行到某个区域内出现多空完全平衡的状态，也就是说，当股价上行到某个价位附近时，即遭到主力的打压，强制股价回调；

当下行到不远的另一个价位时，即遭到主力护盘或新多头吸纳。这样反反复复震荡把上档形成的高点互相连接形成一条水平阻力线，而把下档的低点也相互连接后形成一条水平支撑线，两条直线形成平行的通道，不上倾，也不下移，而是水平发展，形成长方形走势或箱体走势。市场筹码在箱体或长方形价值区域内震荡换手。这种洗盘方法适合于牛皮市、盘整市里的洗盘方式。

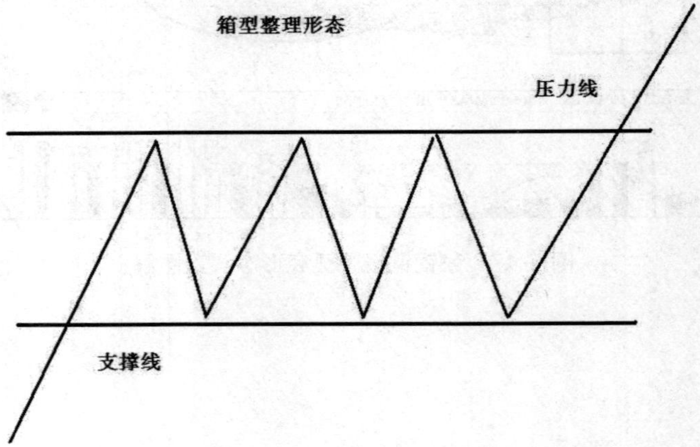

图7-18 箱型整理形态示意图

箱型整理常常是在主力机构强行洗盘下形成的，上方水准的阻力线是主力预定的洗盘位置，下方的水准支撑线是护盘底线，在盘面上我们有时可以看到股价偶尔会跌破支撑线，但迅速回到支撑线之上，这可能是主力试探市场心态的方法。如果一个重要的支撑位跌破之后，市场并不进一步下挫，这预示着市场的抛压已尽，没有能力进一步下跌（见图7-19）。

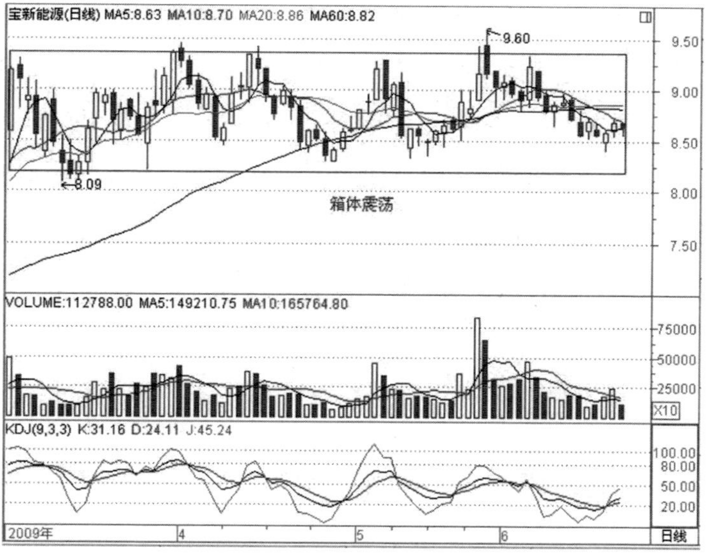

图7-19　宝新能源箱型整理图解

那么在实际操作中，箱型 整理形态能够给我们提供哪些信息呢?

1. 矩形整理在形成的过程中，除非有突发性的消息扰乱，其成交量应该是不断减少的，如果在该形态的形成期间，有不规则的高成交量出现，形态就可能失效。当股价突破矩形上限水平时，必须有成交量激增的配合；但若跌破下限水平时，就不需大成交量的配合，即上破要大量而下破可少量。

2. 矩形呈现突破后，股价经常出现回抽确认突破的有效性。这种情况通常会在突破后的三天至三星期内出现，回抽将止于顶线水平之上，往下跌破后的假性回升，将会受阻于顶线水平之下。

3. 一个高低波幅较大的矩形，较一个狭窄而长的矩形形态，未来更具突破力。即一旦向上突破，将是迅猛涨升，而一旦下破，也将是快速下跌。

第八章

K线与量价研判技巧

第一节　解析成交量的形式

成交量分为成交股数和成交金额两种形式，前者是买卖股票的数量，后者是买卖股票的金额，它们是同步发生的，跟数量都有关系，因而可以泛指成交量。

1. 成交股数

成交股数是指在某一特定时间内，在证券交易所交易的某只股票（或大盘）的成交股数。它以股为基本计算单位，在行情分析软件上则以手为统计单位，1手等于100股。由于行情分析软件上的成交量区域的高度是固定的，而不同股票的成交量大小不一，于是为了方便察看，在右下角会有“×10”或“×100”倍数的显示，其右边的数值刻度“10 000”或者“20 000”需要与这个倍数相乘，方能正确显示当前的成交量大小（单位是手）。成交量柱状图表示的是大致的成交数量，具体的成交股数见右边“交易信息”栏里的“内盘和外盘之和”，或者见“成交总量”指标，或者将“十字光标”对应某一根K线图也会有成交量的信息显示。需要注意的是，为了一目了然地显示买卖盘的申报情况和即时成交情况，这两个地方的股票数量的单位也是手。

成交股数是最基本的成交指标，也是行情分析软件上最常用的个股成交量数据。它如实地反映了当前成交股票的数量，有利于统计个股换手率和股东持股状况等。但成交股数的不足之处也是很明显的。比如，某股一日成交了100万股，对于一个流通盘为1亿股的股票来说，这个1%的换手率显然是很低的；但是这个成交量若发生在一个流通盘为1 000万股的股票上，其10%的换手率则透露了该股当日成交活跃的信息。显然，对于个股来说，换手率要比成交量更有意义，它可以横向对比所有股票的成交活跃程度，进而对比哪只股票更具有投机的价值。

2. 成交金额

成交金额是指在某个特定时间内，在证券交易所交易的某只股票（或大盘）的成交金额，它由即时成交的股数乘以随同它成交的价格加总而成。它的基本计算单位是元，但在行情分析软件上则常以万元为统计单位。

成交金额也是比较常见的成交指标，常用于对大盘或对超级大盘股的分析。成交金额是比成交股数更有意义的指标，它显示了市场上主流资金的流向，以及投入市场的总体资金状况，它以资金的形式直接体现了市场参与的冷热状况。比如说，大盘当日成交量是1亿股，可能交易者没有什么概念，但是如果说当日大盘成交金额是100亿元，交易者就能直观地知道进入市场的资金规模和大致人气；同时，通过察看行情分析软件上的“今日总资金排名”，观察成交金额最大的几只个股，交易者就可以直观地感受到今日主流资金的流向。

第二节 解析地量地价

地量地价是指个股（或大盘）在成交量非常少的情况下，其股价（或大盘指数）也创出了阶段性的新低现象。它常出现在长期下跌的末期，是一种股市里的特殊现象。所谓“地量”，是指股票（或大盘）创下了一直下跌以来的最少成交量；所谓“地价”，是指股票（或大盘）创造了一直下跌以来的最低价位。

如果股价在一直下跌的过程中，没有出现过持续的带量下跌或阶段性的带量下跌过程，那么即使是出现了所谓的地量地价，也并不意味着市场已经出现了底部。因为空头的下跌能量还没有释放出来，市场后续下跌的可能性很大。一般来说，市场要一直跌到多头彻底丧失信心，跌势才有可能会停止，地量地价才有可能会出现。地量出现之后，可能会马上出现地价，也可能在股价继续下行后再出现地价，不好确定。但地量一旦出现，就必须引起交易者注意，因为下一步可能就会出现量增价平的建仓迹象了。

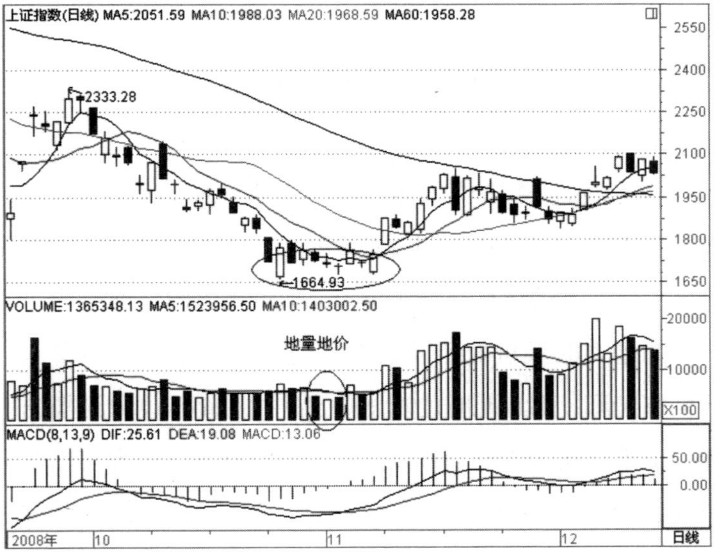

图8-1　上证指数地量地价

真正的地量地价通常意味着趋势跌无可跌了，是市场行为的真实表现，也是主力在成交量中唯一不可做假的地方，因为主力可以虚增成交量，但却无法减少市场上的成交量。

需要说明的是，交易者在判断地量地价时，需要从较长的时间周期来观察，比如趋势下跌了半年或一年后，此时观察地量地价方显成效。

图8-1是大盘在2008年11月的走势图，当日成交额仅200亿元时，出现底位点数1664。

第三节　解析量增价平

量增价平是指个股（或大盘）在成交量增加的情况下，其股价（或大盘指数）却一直没有什么涨幅的现象，它意味着多、空双方的意见分歧比较大，但谁也没制住谁。

如果当时股价处于阶段性的底部，或出现了地量地价的极端情形，那么此时的量增价平往往是多头开始进场的表现。由于是建仓阶段，所以主力的吃货行为比较保守，没有引起股价过多的涨幅，但是却承接了空方的大部分抛单，导致成交量增大而价格不涨的现象。此时并不意味着跌势停止，有时主力为了建仓的需要，会拿着刚买的筹码反手打压股价，迫使更低的筹码出现。因此，小资金的交易者不宜在此时进场，而大资金的交易者则可以同步建仓。

如果当时股价处于阶段性的顶部，量增价平则往往是空头开始发力的表现。当股价有了较大的涨幅后，尽管多方的热情仍然高涨，但空方出于套现的需要而开始抛售，导致股票会出现成交量增大而价格上不去的现象。此时，没有股票的交易者要持币观望，而有股票的交易者则应考虑减仓或平仓。

下图是杉杉股份（600884）在2007年下半年的走势图。在6月22日该股高位放量，而最终几乎收平盘，这是主力出货的一种表现。

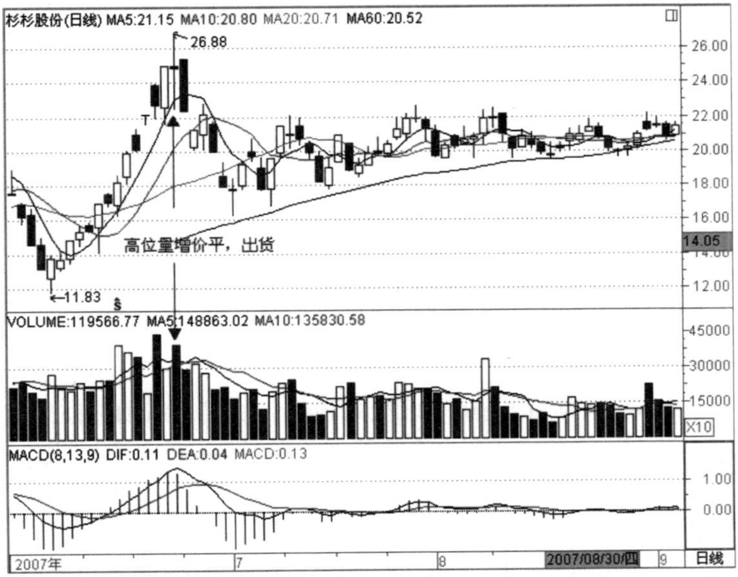

图8-2　杉杉股份走势图

第四节　解析量增价涨

量增价涨是指个股（或大盘）在成交量增加的情况下，其股价（或大盘指数）出现较大涨幅的现象，它意味着多、空双方意见发生较大的分歧，但多方仍占上风。

如果当时股价处于阶段性的底部，量增价涨往往是多方开始进攻的表现，也是多方积极看好后期走势的写照。由于主力急需筹码而散户不看好后市，于是在价格一路上涨的情况下，浮动筹码会不断涌出，导致成交量增大而价格同步上涨的现象。

如果当时股价处于上升趋势中，量增价涨意味着多方不断突破关键阻力位的抛压，不断消化市场空头的力量，使股价得以继续上涨。这样的量增价涨往往是趋势继续上涨的健康现象。

如果当时股价处于阶段性的顶部，量增价涨则往往是主力对敲出货的前兆。大量抛单才会造成大成交量，高位的筹码往往集中于主力手中，大量的抛单只有主力可以提供，而散户又很难承接这些筹码，必然会导致股价下跌。可是现在股价却反而上涨，所以主力对敲拉升是合理的解释。否则就是市场当时过于狂热，买入者陷入了疯狂的境地，这往往会导致“天量天价”的极端现象。见此状况，交易者需要提高警惕。

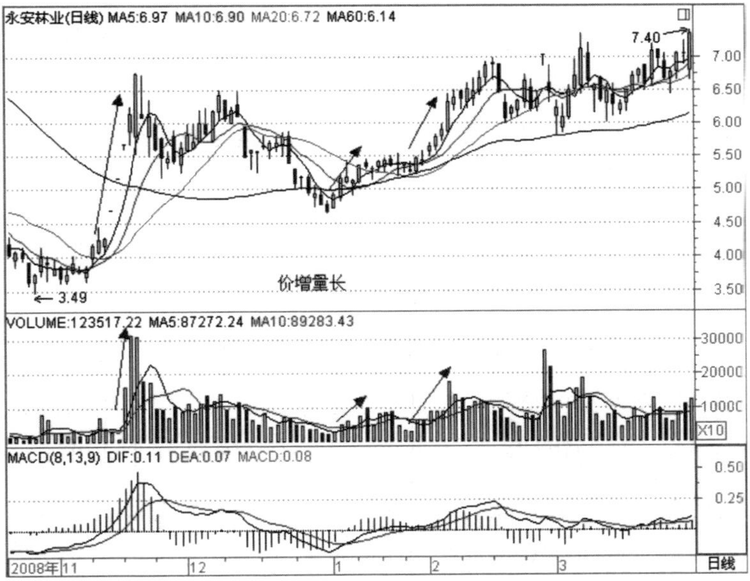

图8-3 永安林业走势图

上图是永安林业（000663）在2008年年末到2009年年初的K线图。有几个阶段很清楚地对应着价增量长的情况，显示当时多头掌握局面。

第五节　解析天量天价

天量天价是指个股（或大盘）在成交量巨大的情况下，其股价（或大盘）也创出了新高的现象，这是量增价涨的极端形式。它常出现在长期上涨的末期，也是一种股市里的特殊现象。所谓“天量”，是指股票（或大盘）创下了一直上涨以来的最大成交量；所谓“天价”，是指股票（或大盘）创造了一直上涨以来的最高价位。

如果股价处于高价位区间，由于主力对敲的行为，或者市场极度疯狂的行为，往往都会造成在创出历史性的巨大成交量时，股价也创出历史性的新高现象。这往往是盛极而衰的前兆，当所有看涨的人都买入后，市场即失去了继续爬高的力量。见此状况，交易者要考虑减仓了。

有时候，当股票创出历史性的大量时，股价也在继续攀高，交易者可能会以为“天量天价”出现了，应该赶紧回避。事实上，此时的天量天价可能只是阶段性的一个小高潮。这里的巨量出现，往往是多、空双方意见分歧巨大的表现，但也有可能是主力有备而来、志在高远的表现。如果抛出的都是散户而买入的却是主力，那么即使出现所谓的天量天价，股价依然会继续上涨，直至后面出现真正的天量天价。同时，交易者需要注意，量价配合过程具有一定的滞后性，天量出现之后不一定马上就会出现天价，也不一定必然会出现天价。所以，交易者不要抱着不见天量天价就不出货的想法。

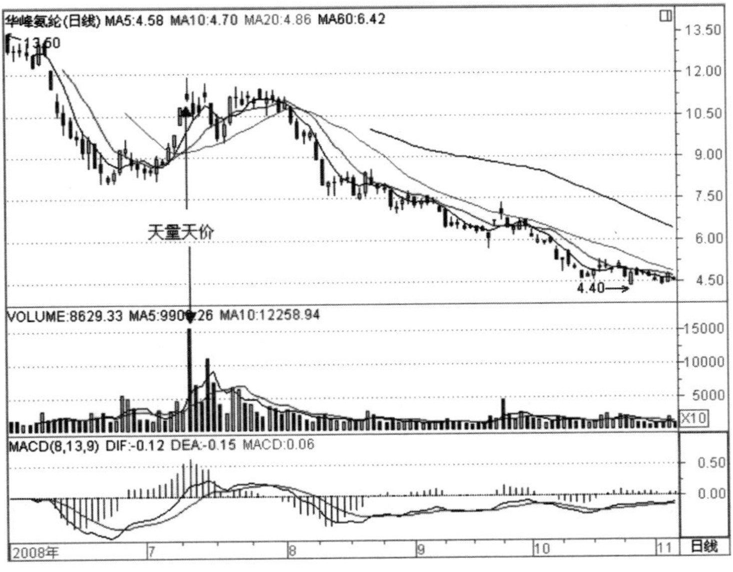

图8-4 华峰氨纶走势图

上图是华峰氨纶（002064）在2008年下半年的K线图。主力利用反弹出货，走出了7月10日天量天价的图形。

第六节 解析量增价跌

量增价跌是指个股（或大盘）在成交量增加的情况下，其股价（或大盘指数）出现较大跌幅的现象，它意味着多、空双方意见发生了较大的分歧，但空头占据了上风。

如果当时股价处于阶段性的底部，量增价跌往往是空方继续发力的表现，它表明市场买卖者虽然发生了多、空意见的分歧，但空方对后期的悲观强度超过了多方的乐观估计，导致多方的买入实力不如空方的卖出实力，因而出现了量增价跌的现象。见此状况，交易者要密切注意，可能真正的底部为时不远了，只要空方的做空能量被彻底消灭，达到了跌无可跌的地步，也就是出现了地量地价的极端现象时，转势往往就会来临。此时的量增价跌也说明，尽管多方开始出场，这里的价格区间还不是市场的底部，因为主力资金庞大，需要提前介入，主动买套。

如果当时股价处于阶段性的顶部，量增价跌则说明主力开始出货了，空方加大了抛售的力度。由于前期个股展示了充分的财富效应，导致后期很多交易者仍然积极介入，所以此时的成交量往往比较大。当主力机构开始抛售后，股价必然会出现阶段性的跌势，甚至开始反转走熊。所以，交易者见此状况应赶紧平仓了结。

下图是利尔化学（002258）在2008年年末至2009年年初的K线图。在前期碎步攀升，累计涨幅巨大的情况下，主力开始出货，空方加大了抛售的力度，而在赚钱效应的引导下，很多交易者仍然积极介入，但终究不敌主力当日坚决做空的意图，所以放量跌停。

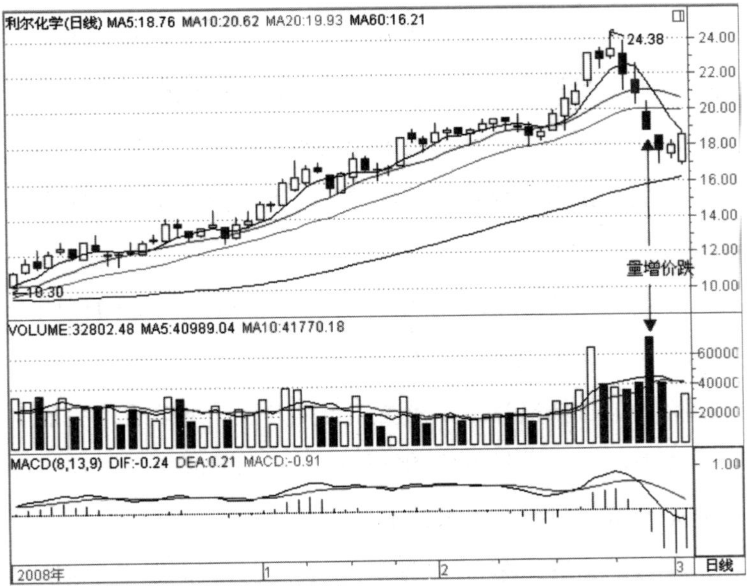

图8-5　利尔化学走势图

第七节　解析量缩价涨

量缩价涨是指个股（或大盘）在成交量减少的情况下，其股价（或大盘指数）出现较大涨幅的现象，它意味着多、空双方意见没有什么分歧，一致看涨。

如果当时股价处于阶段性的底部，量缩价涨说明多、空双方集体看涨，导致抛单不易出现，而多方只好高价求货，越是如此，持股者越不愿出售股票；或者说明低价筹码早就集中在主力手中了，市面上的流通筹码很少，只要有适当的买盘，就会出现量缩价涨的现象。见此状况，交易者应立即追进或加码买入。

如果当时股价处于阶段性的顶部，量缩价涨则说明个股已被主力高度控盘，但不是主力不想卖，而是没有人愿意以那么高的价格接货。于是主力自弹自拉，继续维持股票上涨。见此状况，交易者应始终回避，因为此时主力的唯一目的就是出货，只要有买家就不会放过交易的机会。

下页图是贵州茅台（600519）在2007年年末到2008年年初的K线图。有两个阶段很清楚的对应着量缩价涨的情况，显示主力高度控盘，鉴于前期涨幅巨大，主力在此缩量上涨，其意图是择机出货。

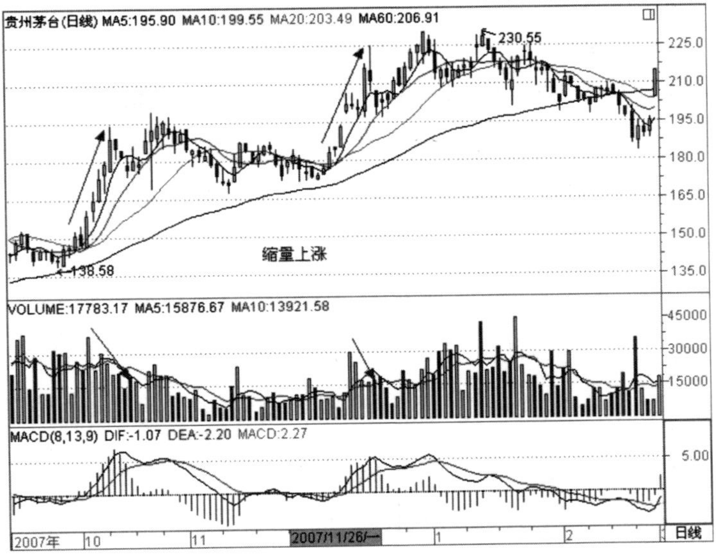

图8-6　贵州茅台走势图

第八节　解析量缩价跌

量缩价跌是指个股（或大盘）在成交量减少的情况下，其股价（或大盘）出现较大跌幅的现象，它意味着多、空双方没有什么分歧，一致看跌。

如果当时股价处于阶段性的底部或是在持续下跌的阶段中，那么量缩价跌是自然的现象，它表明多、空双方集体看跌，卖家急于找下家买单，但买家则不愿意进场交易，于是就出现了量缩价跌的现状。出现这种状况，往往说明空方能量还没有得到释放，股价继续下跌的可能性很大，一直会持续到多方愿意进场为止。此时，袖手旁观是上策。

如果当时股价处于阶段性的顶部，量缩价跌则说明个股已被主力高度控盘，不是主力不想卖，而是主力找不到人接盘。于是主力任由少量散户左右行情，或者见一个买家就往下面卖一点筹码，因此就出现了量缩价跌的现象。见此状况，交易者应始终回避，因为此时主力的唯一目的就是出货，只要有买家就不会放过交易的机会。

当然，还有一个可能性，那就是现在的顶部根本就不是股价的顶部，只是阶段性的向下调整行为。当市场上的浮动筹码被新的买入者或主力承接后，股价往往又会持续上升。这种量缩价跌的现象，也常常出现在上涨趋势的调整时期。

下图是ST东航（600115）在2008年的K线图。在8~9月很清楚地对应着量缩价跌的情况，显示主力的唯一目的就是出货，导致股价毫无支撑地下跌。

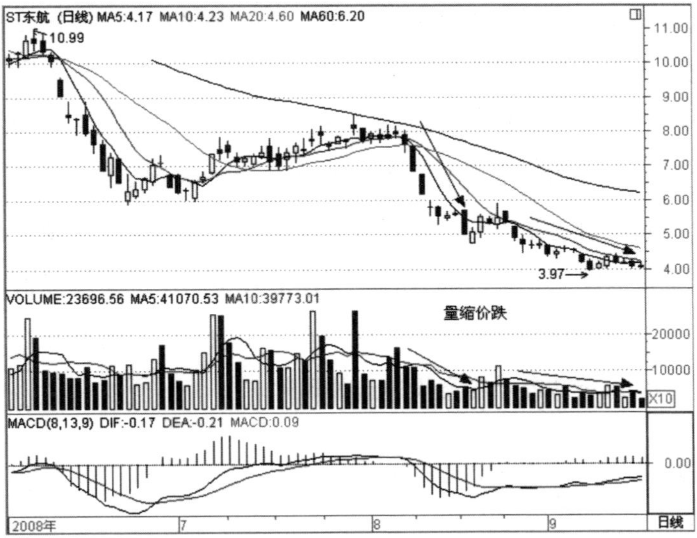

图8-7　ST东航2008年走势图

第九节　解析无量空跌

无量空跌是指个股在成交量很少的情况下，其股价出现较大跌幅的现象，它是量缩价跌的极端形式，多数出现在一些跳水的庄股或有重大利空消息的个股中。

一些个股在出现重大利空消息后，各路资金往往会不计成本地出逃，而多方则常常持币观望，市场承接力量极度匮乏，因而造成股价大跌而成交量稀少的现象，无量空跌也由此而来。

另外，一些在高位持续横盘的长庄股，一旦出现主力资金链断裂或该股出现重大利空消息时，这类个股就会马上崩盘，其股价更是连续跌停，并且成交量极度萎缩，呈现出无量空跌的状态。一般而言，一只庄股在主力已经全身而退或资金链完全断裂的情况下，往往在一年内都不会再有什么行情，因此交易者要注意规避这种风险。

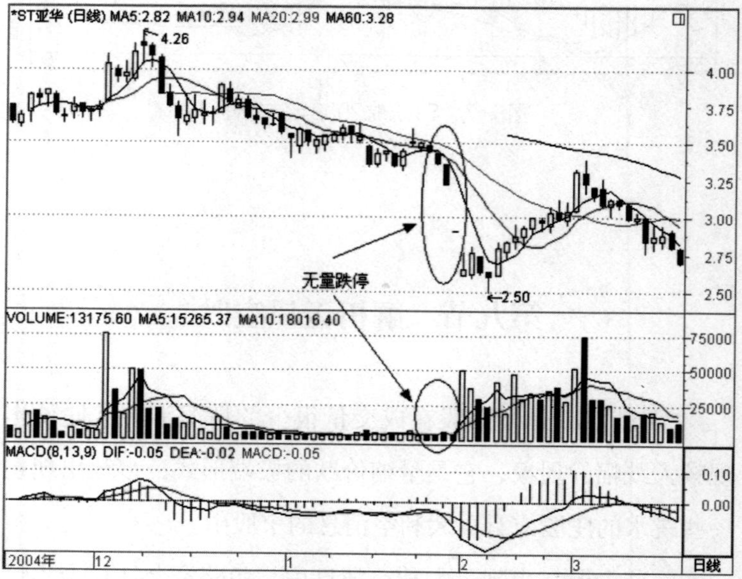

图8-8 *ST亚华走势图

上图是*ST亚华（000918）在2004年年末至2005年年初的K线图。在2005年1月该股无量跌停，显示当时在出现重大利空消息后，各路资金往往会不计成本地出逃，而多方则常常持币观望，市场承接力量极度匮乏。

第十节　解析熊市里的价量关系

熊市里的价量关系。

1. 空头开始阶段

当个股股价达到高价位区间后，主力开始出货，宣告了牛市的死亡，主力在高位抛出大量筹码，于是市场便形成了“量增价跌”的情形。

2. 空头持续阶段

当个股股价进入持续的下跌阶段后，明显的熊市信号开始来临，诸多有经验的交易者开始持币观望，即使持股者急于降价成交，也往往找不到买主，于是市场呈现出“无量阴跌”的情形。这是空头能量未能得到释放的时期，交易者不可轻易抢反弹。

3. 空头衰竭阶段

当个股股价经过较长时间和较大幅度的下跌后，将步入一个相对低价的区间。于是激进的交易者开始买入，急迫的持股者终于找到了买主，成交量开始递增，直至空头下跌的能量完全释放完毕后，股价才能站稳并出现反转的苗头。此时市场往往呈现出的是“量增价跌”的势头，表明股价将接近底部区域，交易者可以做好入场的准备。

下图是大盘在2006年8月至2008年11月的周K线图。从熊市开始下跌到最后的衰竭，其成交量和价格的配合符合上述特征。

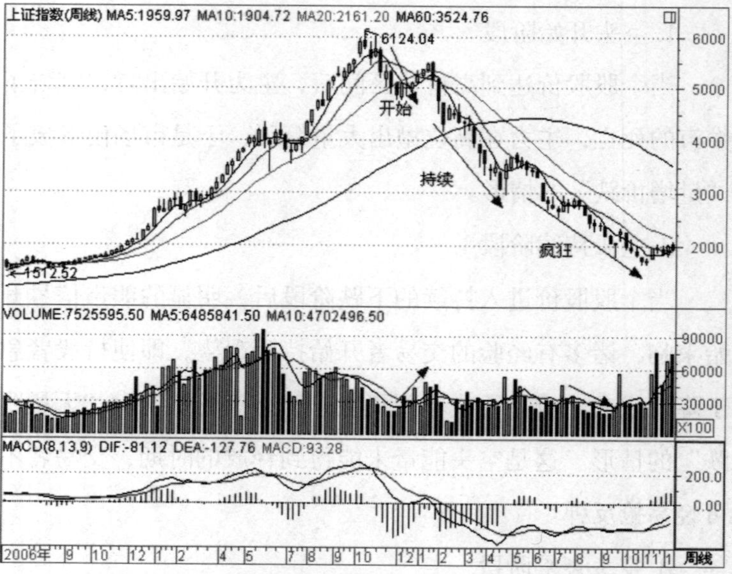

图8-9　2006年到2008年上证指数走势图

第十一节 认识放量和缩量

所谓放量，是指个股在某个时间段的成交量与其历史成交量相比，有明显增大的迹象，它是多、空双方对股价后期走势的意见分歧开始加大的表现，也是多、空搏杀激烈程度的表现。

在正常的情况下，股票成交量放大，是因为多、空双方对后期走势的看法出现了较大分歧，且筹码不集中的原因。放量一般发生在市场趋势发生转折的拐点处。此时，一部分交易者坚决看空后市，而另一部分交易者则坚决看好后市，于是有人纷纷抛售，有人大笔吸纳。但是放量相对于缩量来说，有很大的做假成分，因为主力可以利用手中的筹码和资金进行对敲。

所谓缩量，是指个股在某个时间段的成交量与其历史成交量相比，有明显减小的痕迹，它是多、空双方对股价后期走势的意见分歧开始减少的表现，也是多、空搏杀趋于平衡的表现。

在正常的情况下，股票成交量缩小，是因为多、空双方对后期走势的看法比较一致，或者筹码过于集中的原因。缩量往往发生在趋势的上升或下降的进行中，多、空双方基本上持相同的看涨或看跌态度，导致看涨时少有人抛售，看跌时鲜有人买入，成交量自然无法扩大。

下图是瑞贝卡（600439）在2009年年初的K线图。缩量和放量的对比十分明显。

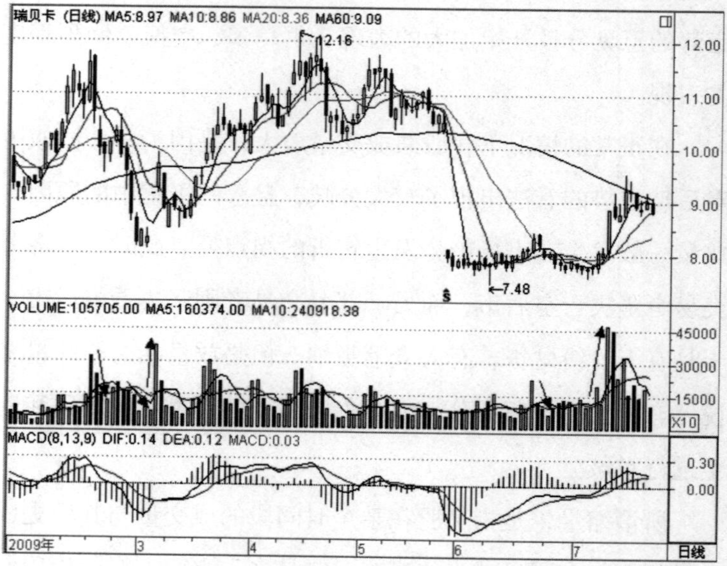

图8-10 瑞贝卡2009年走势图

第十二节　解析同步趋势和背离趋势

在成交量放量和缩量的基础上，如果再考虑股价的涨／跌趋势，就会表现出量价关系的两种状况：同步趋势和背离趋势。

同步趋势即量价同步，是指成交量的增减与股价涨跌成正比关系。量价同步可分为上涨同步和下跌同步。上涨同步是指成交量增加的同时股价上涨，形成量增价涨的状态；下跌同步是指成交量减少的同时股价下跌，形成量缩价跌的状态。

背离趋势即量价背离，是指成交量的增减与股价涨跌成反比关系。量价背离可分为上涨背离和下跌背离。上涨背离是指股价上涨时成交量没有放大，形成量缩价涨的状态；下跌背离是指股价下跌时成交量没有缩小，形成放量下跌的状态。

下图是复旦复华（600624）在2008年下半年到2009年上半年的K线图。有几个阶段价量背离和价量同步的情况比较明显。

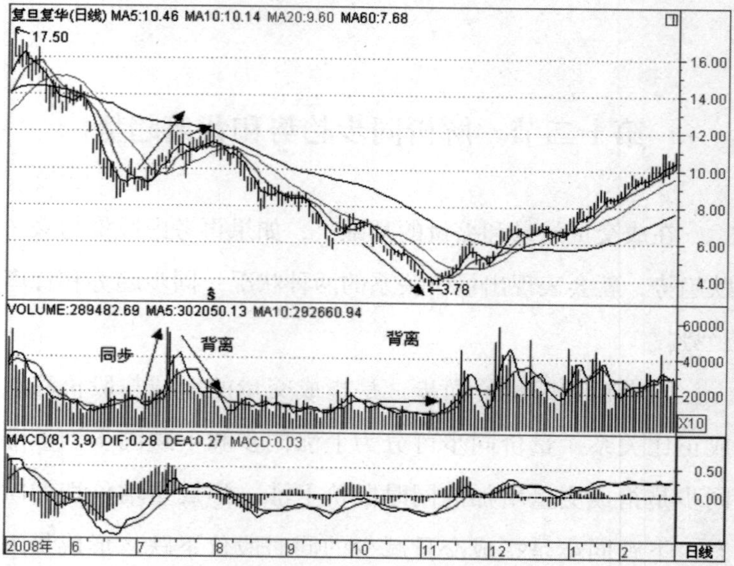

图8-11　复旦复华2008年到2009年走势图

第十三节　解析冷门股和热门股

成交量的多寡，可以反映一只股票的成交活跃状况；而由一段时期以来的总成交量的多寡，则可以看出哪些股票是冷门股，哪些股票是热门股，由此方便交易者的交易决策。

1. 冷门股

冷门股是指在一段较长的时间内（6~12个月），个股成交量稀少、股性呆滞的股票。这类股票的每日成交量比较少，甚至于连续几个月的日平均换手率都没能超过1%。通常这种股票没有主力的照顾，随着大盘浮沉，其走势甚至常常不如大盘的走势。

股票之所以会成为冷门股，主要有两大原因：一是个股基本面情况恶化，二是无主力机构关照。如果个股背后的上市公司经营状况恶劣，又无预期前景或重组题材，交易者自然对该股退避三舍，敬而远之；如果个股基本面一般，但缺乏主力的介入，仅凭“散兵游勇”的自然交易，显然不足以产生持续的行情；既无良好的基本面支撑，又无主力资金的关照，这样的个股通常就会成为无人问津的冷门股。而曾经走势强劲的个股，如果经过爆炒后，严重透支了个股仅存的一点价值，那么在后期漫长的阴跌中，也往往沦落为冷门股。

当然，随着股市的整体升温，即使是垃圾股，只要它存在于证券市场上，就必然会有人买卖，也必然会被人拉升，这就是股市的比价效应和中国股市的“壳”资源价值。当一只冷门股开始有出现较大的成交量时，说明有市场主力开始建仓，如果股价也慢慢回升，则说明主力在继续吸筹；再经过一段时间后，如果该股的成交量持续放大，股价上下波动的幅度也开始扩大，则说明交易者对该股的信心逐渐恢复起来了，该股的股性逐渐变得活跃起来，一只冷门股由此开始转向活跃股甚至热门股。

对于冷门股，谁也不知道它将要跌到什么时候，谁也不知道主力何时介入，普通交易者的任何“抄底”的想法都将是错误的，最好的方法是回避该股，直到它开始活跃为止。

2. 热门股

热门股是指在一段较长的时间内（6~12个月），个股成交量巨大、股价变化范围大的股票。这类股票每日的成交量都比较大，有的甚至一星期的换手率就超过了100%。热门股不是普通意义上的活跃股，而往往是一轮上涨行情中的领头羊。由于热门股的股性较活，股价变动范围较大，因而大户和散户的参与热情都很高。

与冷门股相反，股票之所以会成为热门股，一是个股基本面情况比较优越，具有丰富的炒作概念或题材；二是有主力资金的深度介入。从成交量上来说，热门股的主力在建仓的时候，由于需要大量的筹码，往往会激发很大的成交量，使散户的筹码集中到主力手中；而在拉升的时候，由于短线参与者众多，其成交量往往也会扩大，主力也会适当地任由散户交换筹码，以抬高市场整体参与者的成本；在派发期，则更是成交量剧增的时刻，主力的大部分筹码往往会在此阶段与市场进入者进行交换。

需要注意的是，如果主力仅仅是用爆炒的手法严重透支了个股的内在价值和未来预期，同时又毫无保留地抽身而去，那么即使是过去炒作的题材或概念依然存在，热门股也会从此步入漫漫的下跌行情，并最终变成无人问津的冷门股。

第九章

K 线跟庄实用战法

第一节　识别空头陷阱

对于空头陷阱的判别主要是从消息面、资金面、宏观基本面、技术分析和市场人气等方面进行综合分析研判。

1. 在消息面上的分析

庄家往往会利用宣传的优势，营造做空的氛围。所以当投资者遇到市场利空不断时，反而要格外小心。因为正是在各种利空消息满天飞的重磅轰炸下，主流资金才可以顺利建仓。

2.从成交量上分析

空头陷阱在成交量上的特征是随着股价的持续性下跌，量能始终处于不规则萎缩中，有时盘面上甚至会出现无量空跌或无量暴跌现象，盘中个股成交也十分不活跃，给投资者营造出阴跌走势遥遥无期的氛围。恰恰在这种制造的悲观氛围中，庄家往往可以轻松地逢低建仓，从而构成空头陷阱。

3.从宏观基本面分析

需要了解从根本上影响大盘走强的政策面因素和宏观基本面因素，分析是否有实质性利空因素。如果在股市政策背景方面没有特别的实质性做空因素，而股价却持续性地暴跌，就比较容易形成空头陷阱。

4.从技术形态上分析

空头陷阱在K线走势上的特征往往是连续几根长阴线暴跌，打穿各种强支撑位，有时甚至伴随向下跳空缺口，引发市场中恐慌情绪的连锁反应。

在形态分析上，空头陷阱常常会故意引发技术形态的破位，让投资者误以为后市下跌空间巨大，从而纷纷抛出手中持股，从而使庄家可以在低位承接大量的廉价股票。

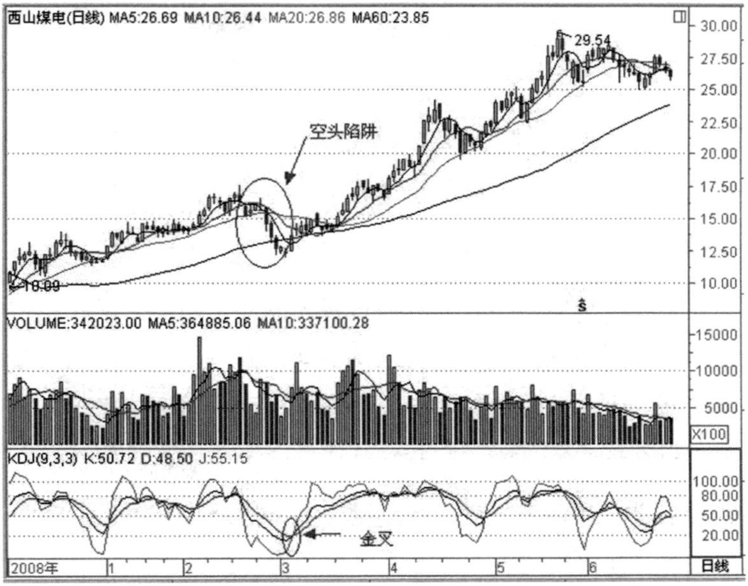

图9-1　西山煤电走势图

在技术指标方面，空头陷阱会导致技术指标上出现严重的底背离特征，而且不是其中一两种指标的背离现象，往往是多种指标的多重周期的同步背离。

短线高手操作策略：暴跌之下果断杀入。

图9-1就是西山煤电（000983）在2月底的连续下跌中已显著缩量，KDJ指标形成向上金叉，属于空头陷阱，短线回升在即，买入。

第二节　识别多头陷阱

庄家不但利用技术分析设置空头陷阱，而且也常常利用技术分析设置多头陷阱，引诱投资者上当，以达到高位套牢跟风者，实现其盈利目的。

在大牛市的后期，主力会在重要的技术关口布下多头陷阱，将追涨的多头一网打尽。因为在牛市之末，市场热情空前高涨，多头信心比较坚定。即使大盘面临重要技术关口，多头也会认为突破不成问题。这样，主力庄家就会制造假突破的陷阱，让多头跟进，而其则出其不意地逢高派发，或打压减磅，使得跟风者全部掉入设置的多头陷阱中。

短线高手又如何识破庄家设置的多头陷阱呢？即观察突

破时成交量的变化情况，成交量必须流畅地放大，而不是时大时小，股价上行必须干净利落，一旦突破之后即要勇往直前，表明有许多人在股价创新高之后觉得形势明朗，放心追入。如果突破之后股价竟然停滞不前，则说明上方有一股隐藏的巨大抛压，十有八九是庄家在出货。

也可以这样说，如果在上升趋势中，伴随成交量放大，股价创新高，之后成交量略有减少，股价小幅回档，只要回档不跌破支撑线仍为多头市场，如果成交量不大而且回档时跌破支撑线并加速下行，则是庄家设置的多头陷阱。

散户若不慎落入庄家的多头陷阱里，短线操作者应尽快斩仓出局，长线投资者首先要仔细分析手中的股票基本面有没有发生实质性的变化。如果公司业绩良好且项目进展顺利，那么就只好长期抗战了。其次要看一看大盘处于怎样的运行态势，如果大盘走势并未出现大的逆转，则大可不必惊慌。

短线高手操作策略：发现掉入重围后小损必须割肉出逃。

如下图就是鞍钢股份（000898）在2007年9月14日的连续急冲中已价量背离，属于多头陷阱，构筑大顶在即，即使被骗买入中套也必须割肉出逃。

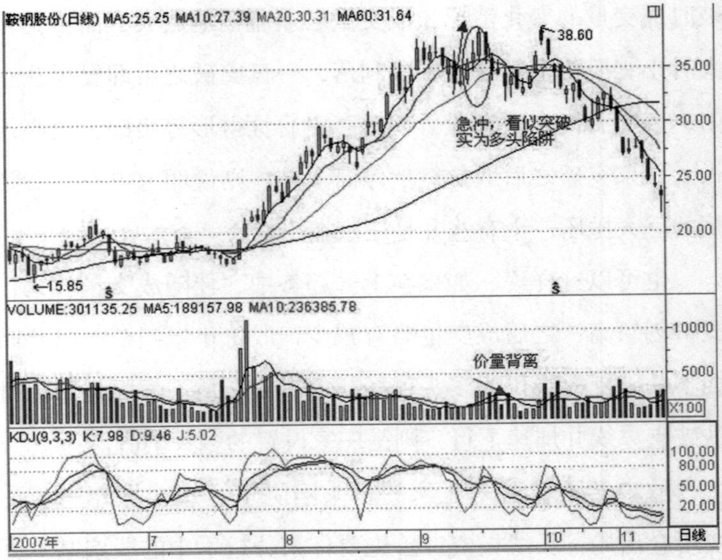

图9-2 鞍钢股份走势图

第三节 如何判断庄家筹码锁定

短线赚不赚，关键看庄拉不拉。庄家什么时候最有炒作激情？庄家在廉价筹码吃了一肚子时最有激情。因此，散户跟庄炒股若能准确判断庄家的持仓情况，盯牢一只建仓完毕的庄股，在其即将拉升时介入，必将收获一份财富增值裂变的惊喜。这里面的关键是如何发现庄家已把筹码锁定。

一般具备了下述特征之一就可初步判断庄家筹码锁定，建仓已进入尾声。

其一，放很小的量就能拉出长阳或封死涨停。庄家进场吸货，经过一段时间收集，如果庄家用很少的资金就能轻松地拉出涨停，那就说明庄家筹码收集工作已近尾声，具备了控盘能力，可以随心所欲地控制盘面。

其二，K 线走势我行我素，不理会大盘而走出独立行情。有的股票，大盘涨它不涨，大盘跌它不跌。这种情况通常表明大部分筹码已落入庄家囊中：当大势向下，有浮筹砸盘，庄家便把筹码托住，封死下跌空间，以防廉价筹码被人抢了去；大势向上或企稳，有游资抢盘，但庄家由于种种原因此时仍不想发动行情，于是便有凶狠的砸盘出现，封住股价的上涨空间，不让短线热钱打乱炒作计划。股票的 K 线形态就呈横向盘整，或沿均线小幅振荡盘升。

其三，K 线走势起伏不定，而分时走势图剧烈振荡，成交量极度萎缩。等庄家到了收集末期，为了洗掉短线获利盘，消磨散户持股信心，便用少量筹码作图。从日 K 线上看，股价起伏不定，一会儿到了浪尖，一会儿到了谷底，但就是总冲不破箱顶也跌不破箱底。而当日分时走势图上却是大幅振荡。委买、委卖之间价格差距非常大，有时相差几分钱，有时相差几毛钱，给人莫名其妙、飘忽不定的感觉。成交量也极不规则，有时几分钟才成交一笔，有时十几分钟才成交一笔，分时走势图画出横线或竖线，形成矩形，成交量极度萎缩。上档抛压极轻，下档支撑有力，浮动筹码极少。

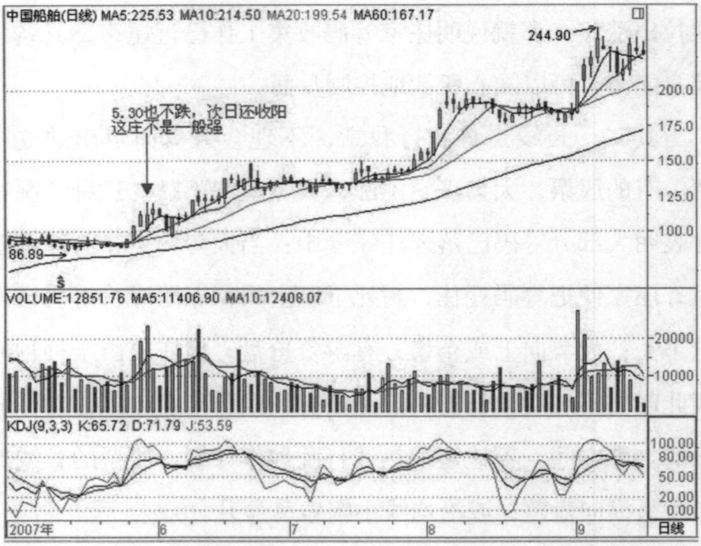

图9-3　中国船舶走势图

其四，遇利空打击，股价不跌反涨，或当天虽有小幅无量回调，但第二天便收出大阳，股价迅速恢复到原来的价位。突发性利空袭来，庄家措手不及，散户筹码可以抛了就跑，而庄家却只能兜着。于是盘面可以看到利空袭来当日，开盘后抛盘很多而接盘更多，不久抛盘减少，股价企稳。由于害怕散户捡到便宜筹码，第二日股价又被庄家早早地拉升到原位。

短线高手操作策略：高度关注变盘征兆。

图9-3、图9-4两图就是中国船舶（600150）在2007年5月30日的走势，完全独立于大盘，说明筹码高度锁定。

图9-4　中国船舶分时走势图

第四节　如何估计拉升幅度

庄家的拉升幅度是指庄家拉升目标股的空间。这里所指的拉升是指股价经过底部的充分换手并洗盘，且脱离底部庄家成本区域又进行过多次充分盘整后，股价向顶部区域的快速挺进，是股票上涨最为疯狂的阶段（收益最高、挣钱最快、特别适合短线高手操作），拉升空间就是庄家拉升股价所达到的幅度。

股票拉升的幅度取决于目标股的炒作题材、市场人气、股价定位、技术形态、庄家成本、筹码分布、股本大小、庄家获利的目标等各种因素。其中，庄家的意志和实力是最具有决定性的。股价拉升的幅度最少也要达到30%，否则的话就没有获利空间。一般情况下是50%以上，超过100%的也常见。流通盘较大的、基本面较差又无可以看好的理由的，幅度相对小一些。

股票拉升幅度也可以参考股票的最低价确定，从底部最低价起算，按涨幅的80%、100%、150%或者200%以上分别确定拉升可能达到的价位。

庄家拉升阶段的幅度与庄家出货阶段的计划密切相关，

有时庄家在拉升阶段，还需要拉升出一定的出货空间。

短线高手操作策略：估计好拉升幅度，而不是天天持股。

下图就是宏达股份（600331）在2009年1月、3月的走势实例。

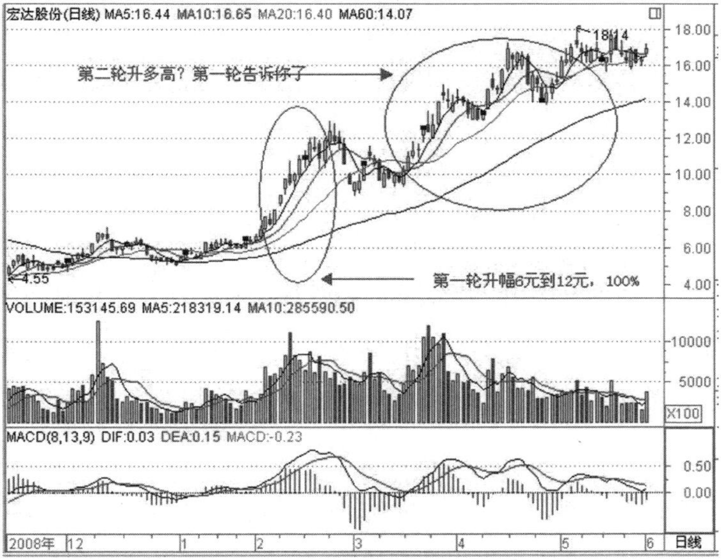

图9-5　宏达股份走势图

第五节　从开盘看短线买点

9点25分到10点这个时间段的开市状态及后续的走势需特别留意，一是因为开盘价在K线图中占有很重要的分量，二是庄家往往在这段时间试盘。比如庄家当日若想拉升的话，就常常会在集合竞价时以较大的买单推高股价，以便察看市场上的抛压大小，所以一些有经验的股民往往会对这期间的股价走势特别留意。

首先要关注9点25分至9点30分的集合竞价。集合竞价是每一个交易日的第一个买卖时机，庄家常借集合竞价跳空高开拉高出货，或者跳空低开打压建仓。一般而言，散户资金量少，不能操纵股价，投资策略多是卖出跌势股，买入热门股或强庄股，而庄家操盘恰恰反其道而行之，常常利用集合竞价，卖出热门股，买入超跌股。当9点25分，集合竞价出现时，散户若发现手中持有的热门股跳空高开，缺口很大并且伴有巨量时，就应提高警惕，而开市仅半小时即达到5%的换手率时，则应作逢高派发的准备，而此时一般不应盲目追涨热门股。反之，当9点25分，集合竞价出现时，散户若发现手中的热门股向上跳的缺口较小，量价关系配合良好，散户经仔细分析前期量价趋势后，可以追涨。

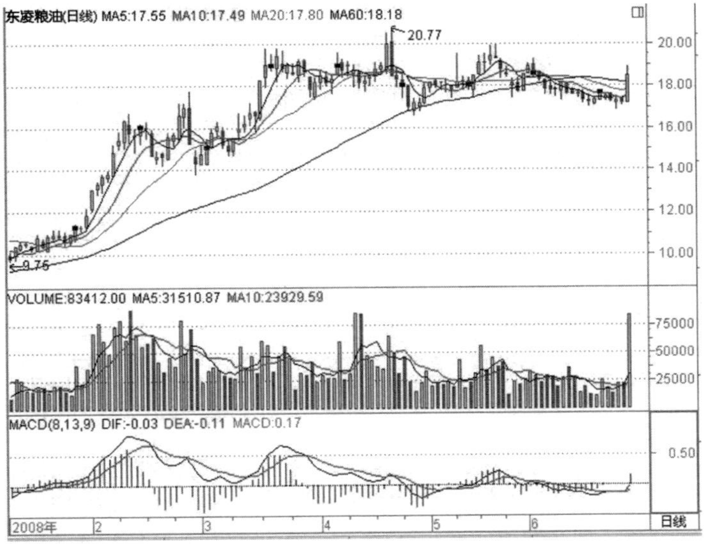

图9-6　东陵粮油走势图

简言之，集合竞价时，庄家会选择前期的强庄股、热门股做文章，黑马股则多是在尾盘中杀出。

9点25分至10点的时间段，一般来说，对于那些已经形成突破走势或强势冲高的个股来说，这是一天的最佳介入时间。因为庄家一旦试盘发现抛压较小，往往就会由此展开升势。而对于那些已经形成向下突破趋势的来说，这开盘30分钟也是最佳卖点，因为收盘时的股价还会更低。

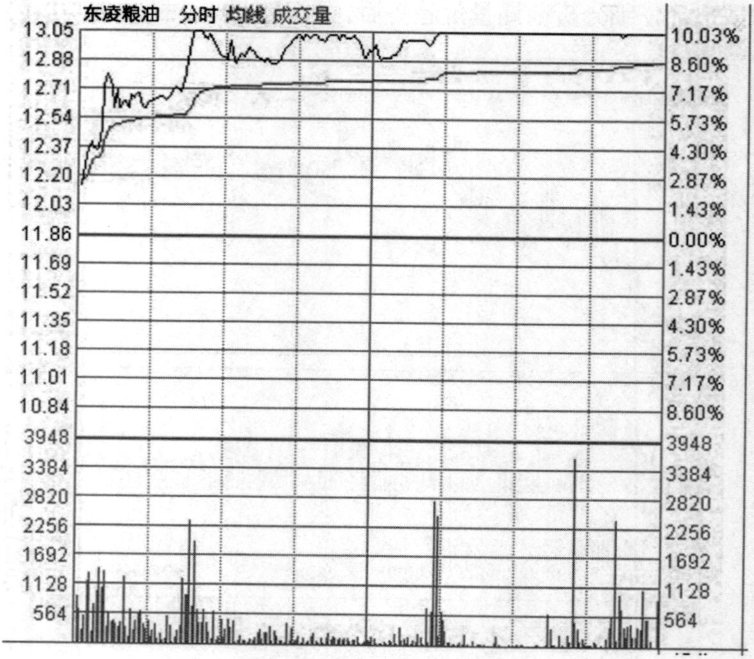

图9-7 东陵粮油分时图走势

短线高手操作策略：在分时走势图上突破时买入。

以上两图就是东凌粮油（000893）在2009年2月2日的走势实例。

第六节 区分洗盘和出货

1. 从均线系统上看

洗盘时，股价始终维持在10日线之上，即使跌破也并不引起大幅下跌，而是在均线下缩量盘稳，并会迅速返回均线之上；出货时，股价盘跌均线走平，均线系统多头排列被破坏或开始向下，最终跌破均线系统并以阴跌形势向下发展。

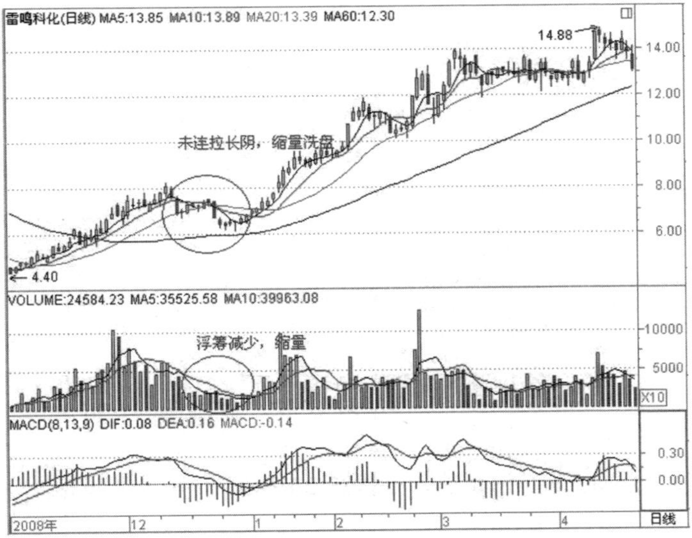

图9-8 雷鸣科化走势图一

洗盘时，股价在庄家的打压下快速走低，但在下方获得支撑，缓缓盘上，出货时，股价在庄家拉抬下快速走高，之后缓缓盘下。

洗盘时，均线上攻的斜率不是很陡，且喇叭口刚刚发散，出货上攻的斜率一般大于45度角，且喇叭口发散程度放大。

2. 从成交量上看

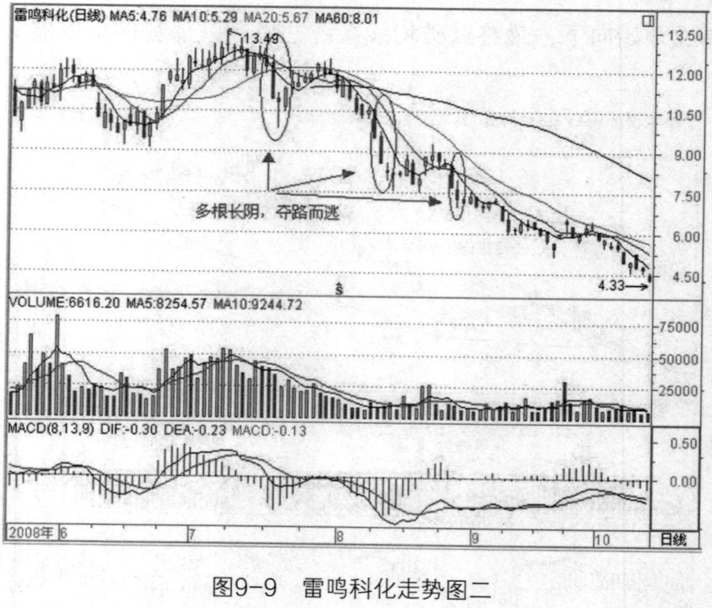

图9-9 雷鸣科化走势图二

洗盘时，股价下跌而成交量无法放大，洗盘完毕，股价再次回升时成交量慢慢放大；出货时，股价上升持续时间短，成交量并不很大，有许多对倒盘，但股价下跌则伴随着大成交量。

3. 从K线形态上看

洗盘时，日K线一般不会连拉大阴线，顶多拉2至3根中、小阴线；出货时，日K线经常连拉中、大阴线。

4. 从盘面看

洗盘时，盘面浮筹越来越少，成交量呈递减趋势；出货时，盘面浮筹越来越多，成交量一直保持在较高水平。

洗盘时，反弹力度较小，如此不会恢复持股者的信心；出货时，反弹极大，吸引散户对庄股保持信心。

短线高手操作策略：洗盘买入，横盘抛出。

上页两图就是雷鸣科化（600985）在2008年下半年的走势实例。

第七节　牛市反弹怎么抢

牛市行情中往往遇到急调，暴跌。典型的如“5.30”行情。那么大幅下跌后，怎么抢反弹获利？

多头行情中的暴跌股价在正常运行当中突遇大盘调整或

个股重大利空，无量大幅下跌，有时股价会跌破90、100天线，属于反应过度，当大盘企稳或恐慌性杀跌力量衰竭的时候，股价可重拾升势。这时可抢反弹买入。

那么，暴跌以后什么样的股票上涨幅度会比较高呢？具有某些特征的股票反弹起来速度快，幅度大。一种是超跌类。走势特征如下：

（1）跌幅深。

（2）离前期头部（套牢盘）远。

（3）下跌无量或成交量逐步萎缩。

（4）下跌过程中无反弹，没有形成颈线。

（5）下跌前头部形态简单，没有形成长时间盘区。

（6）一上涨就放量涨停或放量的大阳线，以后连续放量上攻，上升斜率较陡，容易形成V形翻转，可追涨买入。

（7）第一浪反弹时股价形态是成交量温和放大的三连阳、五连阳、七连阳，甚至十几天连拉阳线，再次回落时成交量萎缩，调整时间短暂，可买入，第三浪上升会比较猛烈。

短线高手操作策略：在空头力竭时、马上形成V形翻转时买入。

下图就是中航精机（002013）在2007年5月30日后的走势实例。

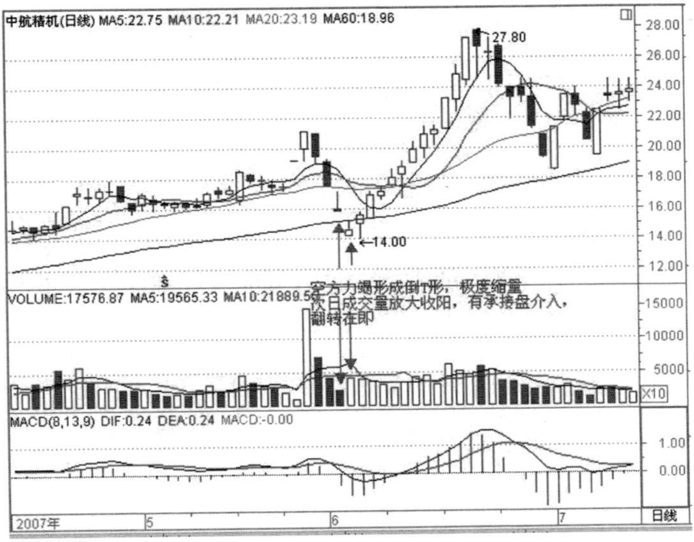

图9-10　中航精机走势图

第八节　熊市反弹怎么抢

熊市中股价大幅下挫后会出现反弹。大盘反弹的标志，就是底部会出现一根涨幅超过2.5%或3%的放量大阳线，第二天、第三天继续拉阳线，但涨幅可能会缩小。要判断反弹能否继续，就要看回落整理的情形。回落整理时空方力量弱小，成交量萎缩，筑双底后多头再次放量上攻，后量超过前量，反弹成立。股价反弹通常会到达42、55天线，在42、55天线遇阻回落，回落后再次反弹，反弹到90、120天线再次回落。熊市中的大盘反弹，高度大约在12%~25%左右。

股价探底反弹一般也不会一次就完成，股价反弹之时大可不必立即去追高。一般来讲，小幅反弹之后股价会再次回落到接近上次低点的水平，这时候应该仔细观察盘面，看看接近上次低点之后抛压情况如何，接盘情况如何。最佳的双底应该是这样的：股价第二次下探时成交量迅速萎缩，显示出无法下跌或者说没有人肯抛股的局面。事情发展到这个阶段，双底形态可以说成功了一半。那么另一半决定于什么呢？决定于有没有新的买入力量愿意在这个价位上接货，即有没有主动买盘介入。一般来讲，股价跌无可跌时总有人去抄底，但有没有人愿意出稍高的价钱就不一定了。如果股价二次探底之时抛压减轻，但仍然无人肯接货，那么这个双底形态可能会出问题，股价在悄无声息中慢慢跌破上次低点。这样探底就失败了。

只有当二次探底时抛压极轻，成交萎缩之后，又有人愿意重新介入该股，二次探底才能成功。在这种主动性买盘的推动下，股价开始上升，并以比第一次反弹更大的成交量向上突破，这个双底形态才算成功。

短线高手操作策略：快进快出是必须遵守的铁律。

下图就是广济药业（000952）在2008年4月中旬后的走势实例。

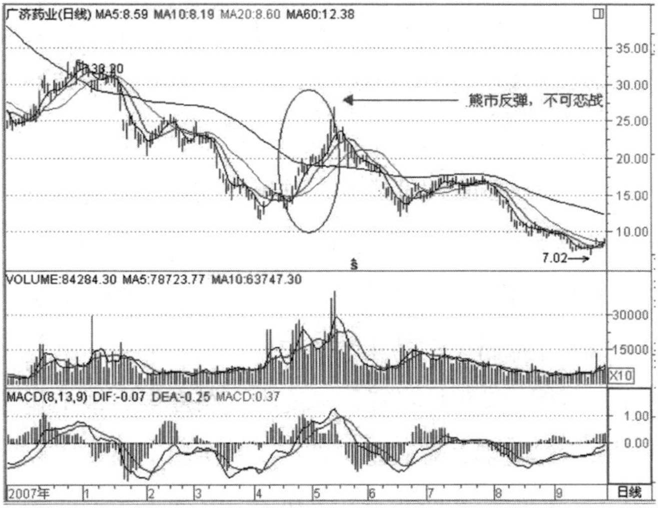

图9-11　广济药业走势图

第九节　抓住短线黑马股

在大盘反弹或是处在多头市场时，买入能涨的股票不是难事，个股多多少少都会涨一些。作为短线高手，作股票不是买入能涨的那么简单。我们所要的是买到短期内上涨最快、涨幅最大、风险又最小的飙升股。什么样的股票具有短线黑马股的特征呢?

短线黑马股的特征:

（1）上升角度陡峭股价上升时斜率越大的股票越容易成为短线黑马股，构筑圆底的个股一般不会成为短线黑马股，三角形整理一般也不会诞生短线黑马股。

（2）上升幅度大股价上升时幅度越大越容易成为短线黑马股。成交量活跃持续温和放大的成交量说明多头正源源不断地入驻。阳线多，阴线少，说明多头力量强大，股价上涨的天数多于股价下跌的天数。

（3）股价调整时间短，幅度小，角度缓，成交量萎缩说明空头力量衰竭，筹码稳定性高，多头迫不及待。

（4）图形简洁明快、干净利落，K 线上下影线较少，涨跌错落有致，不拖泥带水，虽每天涨幅不大，但具连续性。

（5）成交量活跃。持续温和放大的成交量说明多头正源源不断地入驻。

（6）轻松创新高。股价创新高突破前期高点或盘区时，并不需要很大的成交量。

（7）市场热点从基本面上看，必定是当时的市场热点龙头股。

短线高手操作策略：在上升途中加仓。

下图就是歌华有线（600037）在2007年7月后的走势实例。

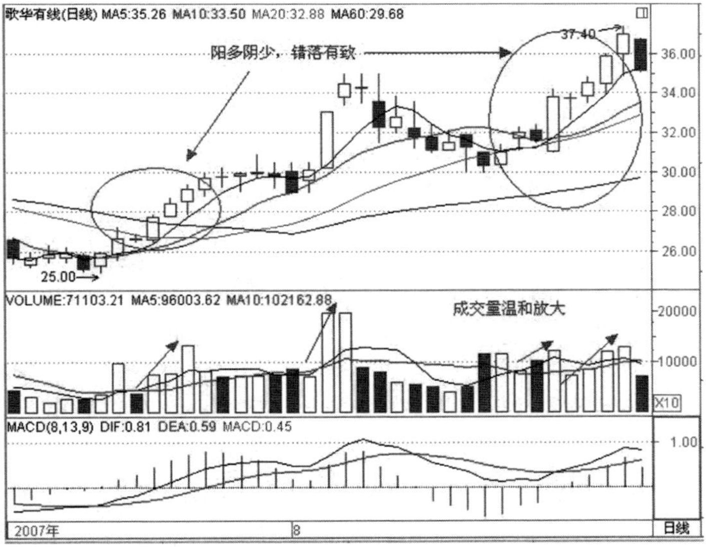

图9-12　歌华有线走势图

第十节　短线卖出有信号

行情处于上升中，遇到以下情形应短线卖出手中的股票。

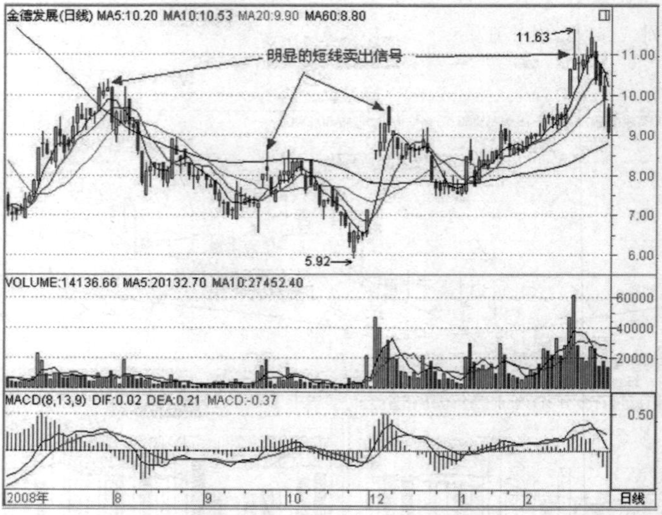

图9-13 金德发展走势图

（1）在上升通道之中，股价连续两天离开3日均线，乖离率超过8%或10%的时候，第三天放量高开低走收出大阴线、冲高回落留下长长的上影线，或放出巨量收大阳、放量收涨停板，短线卖出。

（2）在上升通道之中，股价跌破3日均线，即使没有放量，如果涨幅短时间内累计过大，那么短线也要卖出。

（3）股价一改往日的运动频率而突然加速急涨，短线卖出。

（4）在上升通道之中，成交量先放大做头，股价缩量突破创新高，可能是假突破，短线卖出。

（5）股价呈脉冲式上涨、脉冲式放量，短线卖出；尤其在空头市场中，这种走势最普遍。

（6）股价上升中，K线实体越来越小的时候，短线卖出。

（7）股价上升中，但运行速度明显放缓，上升角度也放平，当股价减速滞涨的时候，短线卖出。

（8）股价上升中短期头部都是由连续的阳线加一个十字星或小阴线、高开的阴线、带上下影线的小星线（可阳可阴）等组成，如遇上述K线组合，可再结合成交量萎缩或放大的情况，短线卖出。

（9）连续涨停后，不能封涨停且放大量，短线卖出。

（10）股价连续以温和阳线或夹杂小阴线上升，没有涨停过，当出现一个涨停板后。第二天不能封涨停且放量，短线卖出。

（11）市场热点股连续井喷飙升，第一个涨停打开放量收出阴线，一般不是头部，短线调整后还有拉高的动作，如果再次放量，基本可以确认头部。

短线高手操作策略：出现以上明显的信号时果断卖出。

上图就是金德发展（000639）在2008年8月后的走势实例。